ELOGIOS ANTERIORES PARA LA SERIE CONOCE A JESÚS

"Muy al estilo Tara-Leigh, este estudio es fácil de seguir, a la vez que te desafía a ahondar más en lo que dice la Palabra. Es más que simplemente leer la Biblia y responder algunas preguntas. Es una prueba para medir tu caminar espiritual, para hacerte esas preguntas difíciles, y para ser desafiado con cada cambio de página sobre lo que el Espíritu Santo te está revelando. Tanto si eres un nuevo creyente como alguien teológicamente bien versado, este estudio tiene algo que ofrecerte".

Clare Thompson Sims, miembro de *D-Group*

"Este estudio nos deja ver lo que *D-Group* ha estado haciendo por años. En lugar de alimentar a los lectores con respuestas, el estudio los capacita para hacer la tarea de llegar a sus propias respuestas a través de un estudio detallado y una lectura concentrada de la Palabra de Dios, permitiéndoles adueñarse de su crecimiento continuo y fe en el Rey Jesús. ¡Qué comienzo tan emocionante para una nueva serie memorable!".

Zuzana Johansen, miembro de *D-Group*

"Este estudio ayudará al lector a conectar el Antiguo Testamento con el Nuevo al aportar la perspectiva de la cultura y las costumbres judías durante los tiempos de Jesús. Esta lente proporciona claridad con respecto a por qué Jesús ministró y habló como lo hizo al relacionarse con judíos y también con gentiles. Además, comunica con claridad la importancia y el poder transformador de las enseñanzas de Jesús para los cristianos de hoy. Es un mapa de ruta, que extrae de las páginas del Antiguo Testamento y lo conecta con los Evangelios, apuntando a nuestra victoria en Cristo en la cruz".

Jeremy Hall, miembro de *D-Group*

"*Conoce a Jesús como Rey* combina una gran zambullida en el libro de Mateo con la estructura de *D-Group*. Al haber estado en *D-Group* desde el inicio, hace ya quince años, puedo decir con toda confianza que la estructura crea la consistencia que exige, y lleva mucho fruto para cualquier creyente. Abróchate el cinturón y ten fe en que Dios se revelará a ti como el Rey prometido y presente durante las diez próximas semanas".

Meghann Glenn, miembro fundador de *D-Group*

I0807075

LA SINOPSIS DE LA BIBLIA

SERIE CONOCE A JESÚS

CONOCE A JESÚS COMO SALVADOR

UN ESTUDIO DE 10 SESIONES DEL EVANGELIO DE LUCAS

TARA-LEIGH COBBLE

EDITORA GENERAL, CREADORA DE *D-GROUP INTERNATIONAL*

WHITAKER HOUSE Español

CONOCE A JESÚS COMO SALVADOR
Un estudio de 10 sesiones del Evangelio de Lucas

Originally published in English under the title *Knowing Jesus as Savior,*
by Bethany House Publishers, a division of Baker Publishing Group,
Minneapolis, Minnesota, U.S.A.

Traducción al español por Belmonte Traductores
www.belmontetraductores.com

Edición: Henry Tejada Portales

ISBN: 979-8-88769-435-1
eBook ISBN: 979-8-88769-436-8
Impreso en los Estados Unidos de América

Whitaker House
1030 Hunt Valley Circle
New Kensington, PA 15068
www.espanolwh.com

Por favor, envíe sugerencias sobre este libro a: comentarios@whitakerhouse.com.

1 2 3 4 5 6 7 8 9 10 11 32 31 30 29 28 27 26 25

ÍNDICE

	Introducción	7
	Cómo usar este estudio	9
SEMANA 1	Lucas 1–2: La llegada del Salvador	13
SEMANA 2	Lucas 3–5: El poder del Salvador	41
SEMANA 3	Lucas 6–7: La agenda del reino del Salvador	69
SEMANA 4	Lucas 8–9: Las motivaciones son importantes para el Salvador	99
SEMANA 5	Lucas 10–11: El enfoque del Salvador	125
SEMANA 6	Lucas 12–14: La posición del Salvador	153
SEMANA 7	Lucas 15–17: Las ilustraciones del Salvador	179
SEMANA 8	Lucas 18–20: El carácter del Salvador	205
SEMANA 9	Lucas 21–22: La preparación del Salvador	231
SEMANA 10	Lucas 23–24: La salvación por medio del Salvador	257
	Para líderes de grupo	283
	Reconocimientos	285
	Acerca de la editora	287

INTRODUCCIÓN

Mateo, Marcos, Lucas y Juan contaron sus relatos de la vida de Cristo. Algunos con base en sus experiencias de primera mano, otros en meticulosas entrevistas a personas que estaban allí. Todos aportan una visión única de Jesús, y el enfoque principal de Lucas está puesto en Jesús como el Hombre que vino para ser nuestro Salvador, el único puente entre Dios y la humanidad.

La tradición de la iglesia primitiva y otras evidencias circunstanciales del Nuevo Testamento apuntan a Lucas como el autor de este libro. Era un compañero cercano del apóstol Pablo. Aunque sabemos muy poco sobre la experiencia de su conversión, sabemos que no figuraba entre los discípulos. Lucas mismo nos dice que entrevistó a testigos oculares de la vida de Jesús para compilar un relato "ordenadamente" (1:3). Aunque la idea de Lucas del orden no siempre se aferra a un respeto estricto de la línea del tiempo. A menudo ordena su relato de forma temática en lugar de cronológica.

Quizás la mejor evidencia que tengamos del proceso de entrevistas de Lucas es que nos da detalles muy específicos sobre los pensamientos y sentimientos de María, la madre de Jesús. La única manera en que él pudo tener información tan concreta sería habiéndose sentado y hablado con ella. ¡Qué conversación tan fascinante para haber sido testigo en silencio!

Una de las cartas de Pablo revela que Lucas era médico (Colosenses 4:14), y es fácil ver el enfoque científico de Lucas en su escritura. Lucas destacó explícitamente la humanidad de Jesús y los detalles físicos más que los demás escritores de los Evangelios. Pablo también nos dio a entender que el doctor era gentil. De ser esto cierto, ¡Lucas sería el único escritor gentil conocido en las Escrituras! Aunque Lucas estaba muy instruido en las tradiciones judías, parece que estaba escribiendo a una audiencia principalmente gentil. Y, aunque escribió a una persona, Teófilo, parece que esperaba que su relato se difundiera más allá de su amigo.

El doctor Lucas nos da algo que ningún otro escritor de los Evangelios nos da: ¡una secuela! Lucas escribió el libro de los Hechos casi al mismo tiempo que escribió el Evangelio. Si Lucas fuera el Volumen 1, se titularía "El Salvador", y el Volumen 2 (Hechos) se titularía "La iglesia". Hechos edifica sobre todos los temas del Volumen 1, pero responde a la pregunta "¿Qué ocurrió después?". Jesús derrotó a la muerte al final de Lucas, pero eso es solo el principio. ¡Vamos a indagar más!

CÓMO USAR ESTE ESTUDIO

Aunque el estudio bíblico es vital para el caminar cristiano, una vida espiritual completa proviene de participar también en las demás disciplinas espirituales. Este estudio está diseñado no solo para equiparte con un mayor conocimiento y profundidad teológicos, sino también para ayudarte a involucrar otras prácticas formativas que crearán una relación con Jesús más completa y satisfactoria. ¡Queremos verte prosperar en cada área de tu vida con Dios!

CONTENIDO Y PREGUNTAS

En cada una de las diez semanas de este estudio, la enseñanza y las preguntas están divididas en seis días, pero siéntete libre para hacerlo todo a la vez si es mejor para tus horarios. Si decides terminar el estudio de cada semana en un solo día, recuerda que hay aspectos que será bueno que tengas en mente cada día: la lectura bíblica diaria, la memorización de versículos y el reto semanal. Esto es mejor hacerlo durante toda la semana.

LECTURA BÍBLICA DIARIA

La lectura bíblica diaria se corresponde con nuestro estudio. Te tomará una media de tres minutos por día solamente leer (no estudiar) el texto. Si aprendes mejor de forma auditiva, tal vez prefieras escuchar una versión en audio de estos capítulos bíblicos.

Aunque decidas ver el contenido y las preguntas de la semana en un solo día, te animamos a que la lectura bíblica sea una parte de tu ritmo diario. Establecer el hábito de leer la Palabra cada día te ayudará a fortalecer tu fe y crear una mayor conexión con Dios.

Si decides repartir el estudio entre los seis días indicados para cada semana, tu lectura bíblica diaria se alineará con tu estudio. Los días 1–5 seguirán nuestro estudio de Lucas, el día 6 presenta un salmo que se corresponde con nuestra lectura, y el día 7 sirve para que te pongas al paso en caso que te hayas demorado.

MEMORIZACIÓN DE VERSÍCULOS

¡Memorizar versículos no es un trabajo inútil! Es una parte importante de guardar la Palabra de Dios en nuestro corazón (Salmos 119:11). Nuestro pasaje, Lucas 1:46-55, se conoce como el Magníficat de María, el poema/canción que escribió para celebrar el hecho de que el Salvador venía a este mundo. Te animamos a practicarlo de forma acumulativa; es decir, *añadir* a lo que estás practicando cada semana en lugar de *reemplazarlo*. Citamos varias versiones en nuestros recursos, así que siéntete libre de memorizarlos en la versión que prefieras. Te sugerimos que trabajes en el versículo o versículos de cada semana a lo largo de la semana, no solo en el último minuto. Hemos incluido algunas herramientas gratuitas en inglés para ayudarte con esto, incluyendo una canción semanal, en MyDGroup.org/Resources/Luke.

RETO SEMANAL

Esta es nuestra respuesta práctica a lo que hemos aprendido cada semana. Queremos ser "hacedores de la palabra y no solamente oidores" (Santiago 1:22). Encontrarás varios retos, y te animamos a responder a todos, ¡especialmente a aquellos que te parezcan *más* difíciles! Esto te ayudará a fortalecer tus músculos espirituales y animarte en tu fe. Como ocurre con el versículo para memorizar, será bueno que comiences esta práctica al inicio de la semana, en especial porque algunos retos semanales incluyen cosas que hacer cada día de la semana (por ejemplo oraciones, escribir en un diario, etc.).

RECURSOS

Este es un estudio con gran énfasis en las Escrituras, y te verás buscando pasajes a menudo. Si eres nuevo estudiando la Escritura, ¡esta será una buena manera de indagar y afilar tus habilidades! Te sentirás más equipado y menos intimidado a medida que avances por cada capítulo. Algunas preguntas te pedirán que consultes un diccionario bíblico, comentario o diccionario de griego o hebreo, pero no tienes que comprar estas herramientas. Hay muchas opciones gratuitas disponibles en internet. Hemos incluido vínculos a algunas de nuestras herramientas favoritas, además de recursos adicionales (todo esto en inglés) como *podcasts*, artículos y *apps*, en MyDGroup.org/Resources/Luke.

GRUPOS

Como cada semana tiene muchas preguntas en el contenido, ofrecemos la siguiente recomendación para los que planifican hacer el estudio en una reunión de grupo semanal. A medida que cada miembro hace su trabajo en casa, sugerimos que marquen sus cosas favoritas con una estrella, así como las cosas confusas con un signo de interrogación. Esto servirá como preparación para la discusión en grupo y ayudará a dirigir la conversación de maneras beneficiosas.

VERSÍCULO PARA MEMORIZAR

Entonces María dijo: *Mi alma engrandece al Señor.*
Lucas 1:46

SEMANA 1

Lucas 1-2:

La llegada del Salvador

Nota: si aún no has leído "Cómo usar este estudio" en la página 9, por favor hazlo antes de continuar. Tendrás un marco adecuado y herramientas útiles.

LECTURA BÍBLICA DIARIA

Día 1: Lucas 1:1-25

Día 2: Lucas 1:26-56

Día 3: Lucas 1:57-80

Día 4: Lucas 2:1-21

Día 5: Lucas 2:22-52

Día 6: Salmos 16

Día 7: Para ponerte al día

Corresponde a los días 274-275 de *La sinopsis de la Biblia*

RETO SEMANAL

Ver la página 39 para más información.

DÍA 1

LUCAS 1:1-25

LEE LUCAS 1:1-25

1. **Repasa 1:1-4**

El ojo investigador de Lucas para ver detalles es evidente de inmediato en los primeros veinticinco versículos de su Evangelio. Le aseguró a su amigo Teófilo que se había realizado la investigación, entrevistado a los testigos presenciales y que la evidencia era clara. La carta que estaba a punto de escribir no era ninguna fábula o fantasía, sino una biografía. La historia del Salvador es cierta.

2. **Repasa 1:5-7.** Piensa en esto como las "páginas de información" de Zacarías y Elisabet, o la descripción de Lucas de sus perfiles en las redes sociales. Escribe todos los detalles que puedas sobre Zacarías y Elisabet.

En la Israel del primer siglo, se veía la esterilidad como una evidencia de desaprobación divina, y Zacarías y Elisabet probablemente habían estado esperando un hijo por casi noventa años. Es posible que sus amigos sospecharan que debían tener algún pecado oculto. La esterilidad también era una causa aceptable para el divorcio. Zacarías podía haberse separado legalmente de Elisabet y de la situación de esterilidad en la que se encontraba. Algunos eruditos creen que incluso se habrían mudado a las afueras de la ciudad para evitar la vergüenza pública diaria. Pero Dios los miraba sin vergüenza alguna, en las Escrituras se afirma que "ambos eran justos delante de Dios" (v. 6).

Dios nunca había dejado a Zacarías y Elisabet, y ellos tampoco habían dejado a Dios. Su fidelidad no estaba determinada por lo que Dios *no* había hecho por ellos. Como personas que habían crecido en hogares sacerdotales, quizás los salmos de su juventud seguían resonando en sus oídos: *Pondré mis ojos en los fieles de la tierra* (Salmos 101:6, NVI). Tal vez la espera de Dios no era una negativa. Él siempre llega a tiempo, siempre es omniscientemente puntual.

3. ¿Qué estás esperando que haga Dios? Siguiendo el ejemplo de Zacarías y Elisabet, pasa tiempo con Dios y pídele ayuda nuevamente. Escribe aquí abajo una corta oración.

4. **Repasa 1:8-10. Busca algún diagrama del templo de Jerusalén del primer siglo.** Haz un breve recorrido por el templo, y anota especialmente dónde quemaban el incienso los sacerdotes. (Lee Éxodo 30:7-8).

Solo los sacerdotes de un linaje en concreto podían servir en el templo (1 Crónicas 23-24). Y desde el origen del templo hasta el tiempo de Zacarías, el número de sacerdotes que sirvieron en el templo había aumentado de manera considerable (había aproximadamente unos 20 000 en los tiempos de Jesús). La costumbre de entonces era echar suertes para ver quién era el que hacía las ofrendas y declaraba una bendición de alabanza y acción de gracias a Dios. Puede que algún sacerdote solo tuviera la oportunidad de hacer eso una vez en su vida. Pensando en esto, imagínate la expectativa que tendría Zacarías al entrar al templo para hacer su servicio y declarar su bendición. Qué privilegio. Qué momento.

5. **Repasa 1:11-17.** ¿Qué dijo el ángel que sería cierto de su hijo, Juan el Bautista (lo llamaremos por sus iniciales, JEB, para abreviar)?

6. **Vuelve a leer 1:15, y después lee Números 6:1-21.** ¿Cómo cumpliría JEB el voto nazareo?

A lo largo de la Escritura, Dios llama a su pueblo a una consagración santa. Consagrar algo significa apartarlo para un servicio especial y santo para el Señor. Se pueden consagrar personas y objetos. Aunque estas cosas consagradas eran solo personas comunes y objetos cotidianos, había que manejarlos de otra manera.

Piensa de nuevo en el diagrama del "recorrido por el templo". Había pan que se usaba diariamente, y luego estaba el "pan de la proposición". Había candelabros en venta en los mercadillos callejeros, y había candelabros apartados solo para el lugar santo. Las madres judías usaban aceite para cocinar para sus familias, pero luego estaba el aceite que se usaba para ungir a los sacerdotes para entrar en la santa presencia de Dios. Los mismos artículos, pero tenían varios grados de importancia dependiendo de su propósito. Cuanto mayor era la proximidad a la presencia de Dios, mayor era el nivel de consagración. Las cosas santas se manejaban de otra manera.

JEB sería quien prepararía el camino para el Señor, el tan ansiado Mesías, el Salvador del mundo. Este nivel de proximidad y altura de propósito exigía una mayor consagración. ¡Qué honor tan grande le había concedido Dios!

7. ¿Qué aspectos "normales" de tu vida puede que Dios te esté indicando que comiences a manejarlos de otro modo? ¿Hay algo que te sientas llamado a consagrar, a apartar para un uso santo?

8. **Lee Malaquías 4:5-6.** ¿Qué revela esta profecía del Antiguo Testamento acerca del llamado de JEB?

9. **Repasa Lucas 1:18-23.**

La palabra *ángel* significa "mensajero", y no son humanos muertos. Son un tipo único de seres que Dios creó que pueden existir tanto en el mundo espiritual como en el físico para hacer uno de sus trabajos, que es transmitir mensajes desde el mundo espiritual al mundo físico. Solo encontramos cuatro ángeles con nombres en la Escritura, y en la lectura de hoy encontramos uno de ellos. Gabriel tiene la tarea especial de profetizar el nacimiento de JEB a una pareja estéril desde hacía mucho tiempo. Imagínate ser el portador de buenas noticias de parte de un Dios santo para un hombre con mucho anhelo, ¡y encontrarte solo con dudas de su parte!

10. ¿Te resulta difícil creer que Dios pueda ser generoso contigo en algún área en la que tus anhelos no han sido cumplidos? ¿Por qué sí o por qué no?

Como resultado de la incredulidad de Zacarías, Gabriel dijo que se quedaría mudo hasta el nacimiento de JEB. Algunos eruditos creen que esto le hizo perderse su oportunidad única de proclamar la bendición de alabanza y agradecimiento en el templo. Parece que su día especial de servicio tuvo un final un tanto abrupto. Sin embargo, Dios bendijo a Zacarías y Elisabet con el hijo que les prometió a través del ángel.

11. **Repasa 1:24-25. Ahora léelo en la NTV.**

12. Pasa un tiempo escribiendo evidencias de la bondad de Dios hacia ti. Deja que tu alabanza brote junto a la de Elisabet.

DÍA 2

LUCAS 1:26-56

LEE LUCAS 1:26-56

Observa los detalles de este pasaje: el tiempo, las personas, las descripciones. El relato de Lucas siempre nos ayuda a poner personas reales en tiempo real. Antes de que María estuviera en el linaje de nuestra historia de fe, era sencillamente una joven que vivía en Galilea y que se preparaba para una boda.

1. **Repasa 1:26-33**

Puede resultarnos fácil leer informalmente este encuentro familiar, ¡pero estos versículos tienen una gran importancia! Hay aproximadamente cuatrocientas profecías acerca del Mesías en el Antiguo Testamento. El pueblo de Israel había esperado el cumplimiento de estas profecías durante miles de años, las había citado en sus mesas de Pascua, susurrado en sus oraciones, compartido como una manera de animar a otros. Y en estos ocho versículos las profecías comenzaron su cumplimiento en una ciudad de poca importancia, con una jovencita sin linaje ni brillo alguno. Este momento fue una declaración penetrante y conmovedora de importancia eterna que atravesaba cuatrocientos años de silencio. Comenzó un cambio cataclísmico en la historia humana.

2. Es importante que cada creyente crezca en su conocimiento del cumplimiento en el Nuevo Testamento de las profecías del Antiguo Testamento. Busca las profecías abajo y llena la tabla. Usa un comentario o herramienta de estudio si te es útil.

Profecía del Antiguo Testamento	**¿Quién la escribió?**	**¿Cómo la cumplió Jesucristo?**
Génesis 3:15		
Isaías 7:14		
Salmos 22:16-18		

3. **Repasa 1:34-35, luego vuelve a leer 1:18-20.** Compara y contrasta las preguntas de Zacarías y María.

Zacarías y María parecieran haber hecho preguntas similares, pero recibieron respuestas muy distintas. ¿Por qué Zacarías se quedó mudo mientras que María recibió una respuesta clara? En breve, "el hombre mira la apariencia exterior, pero el Señor mira el corazón" (1 Samuel 16:7). Dios acepta de buen grado nuestras preguntas y se deleita en que busquemos entendimiento, pero hay un corazón que pregunta con una desesperación infantil y otro corazón que demanda respuestas desde el dolor, la arrogancia o sentirse con derecho. Dios dejó mudo a Zacarías no porque le amaba menos, sino probablemente para alinear de nuevo su fe. Una esperanza que se pospone ciertamente puede crear surcos profundos de desánimo. A veces solo el silencio puede llenar las arrugas de duda creadas por años de espera.

4. ¿Cuál es la pregunta más grande que les estás haciendo actualmente a Dios? Pídele al Espíritu Santo que te revele si la estás haciendo con la fe de un niño o con exigencias. Siéntate en silencio por un momento y espera a oír su voz. Escribe todo lo que venga a tu mente. Recuerda que es su bondad lo que nos lleva al arrepentimiento (Romanos 2:4).

5. **Repasa 1:36-38.** ¿Qué significa que "ninguna cosa será imposible para Dios"?

Para aplicar correctamente la Escritura a nuestra vida cotidiana, es vital que siempre volvamos al contexto. Aunque esta declaración debería animar mucho a cada lector, no tiene la intención de que podamos usarla como un amén para cualquier petición, por muy bienintencionada que sea. Este pasaje sin duda es *para* nosotros, pero no *tiene que ver con* nosotros. ¡Tiene que ver con Cristo! Es un tipo de amén celestial. El tan ansiado Salvador iba a venir, la espera había terminado, y venía de una forma que muy pocos esperaban: humilde, callado, a través del vientre de una mujer humilde. Verdaderamente, nada será imposible para Dios. Que esa verdad quede anclada plenamente solo en Cristo.

6. **Repasa 1:39-45. Ahora vuelve a leer las declaraciones acerca de JEB en 1:14-17.** ¿Qué está siendo revelado sobre el llamado de JEB en estos dos pasajes?

Elisabet, anciana y embarazada, estaba llevando en su vientre el cumplimiento de muchos años de espera, y aun así, esta bendición tan ansiada de un bebé *saltó* en presencia de Jesús aún antes de nacer. Ya, JEB estaba cumpliendo su llamado, saltando en el útero como si testificara a su madre diciendo: "Este es el *verdadero* que han estado esperando, el verdadero cumplimiento de cada uno de sus anhelos". ¡Cuán rápidamente se volteó Elisabet hacia María y le dijo lo bendita que era entre todas las mujeres, ¡incluyéndose ella misma! Ella estaba realmente bendecida con JEB, pero su mayor bendición acababa de llegar en la persona de Cristo.

Y así, llena con el Espíritu Santo, ¡Elisabet se convirtió en el primer ser humano en proclamar a Cristo como el Mesías! Dios verdaderamente hace más de lo que podríamos pedir o imaginar. Por cierto, vale la pena observar que Lucas a menudo destacó y afirmó el papel de las mujeres en la historia del evangelio. Apuntó a esos detalles más que cualquier otro escritor de los Evangelios.

7. **Repasa 1:46-55.** ¿Cuántas veces dijo María "mi" o "me"? ¿Cuántas veces habla de "Él"?

Aquí tenemos el momento musical de María (y nuestro pasaje para memorizar de este estudio). En presencia de tal derramamiento del Espíritu Santo, y al albergar al Santo mismo, no pudo hacer otra cosa que explotar con un canto de alabanza. Una y otra vez, la Escritura afirma que solo se trata de Cristo. Elisabet era una mujer de fe, JEB tuvo un llamado increíble, y María fue digna de tan grande honor, pero solo Cristo es el personaje principal.

DÍA 3

LUCAS 1:57-80

LEE LUCAS 1:57-80

Nuestro pasaje de hoy se construye como el *crescendo* de una gran canción. Pronto estaremos en el nacimiento de Jesús. Lucas estaba escribiendo en este espíritu de expectativa mientras volvía a contar el nacimiento de JEB: el gozo de los vecinos, Zacarías volviendo a abrir su boca, un hermoso coro de alabanza llevándonos hacia Belén.

1. **Repasa 1:57-58, junto con 1:13-14.**

Después de años de espera, finalmente había llegado el momento de que Elisabet diera a luz. Imagínate el gozo y la expectación que acompañaba a esta pareja anciana cuando dieron la bienvenida a su bebé. Este es un cuadro precioso que predica un mensaje incluso más hermoso: *nuestras bendiciones no son solo para nosotros.* Dios permitió que Elisabet y Zacarías recibieran la bendición de un hijo, pero esa bendición estaba profetizada para ser una fuente de gozo, porque "muchos se regocijarán por su nacimiento" (v. 14). ¡Y vaya si se alegraron! Este niño que apuntaría a muchos hacia el camino del gozo sublime estaba cumpliendo su destino antes de que incluso pudiera decir una sola palabra.

2. **Busca *pacto* en un diccionario bíblico.** Escribe la definición.

3, **Repasa 1:59-60.**

4. **Lee Génesis 17:1-14.** ¿Cómo ligó Dios la circuncisión al pacto? ¿Por qué era importante el nombre de JEB?

Esta escena reunidos en torno a la familia de JEB quizás nos resulte poco familiar, o incluso algo incómoda. Pero este fue un día muy importante para todas las familias judías. Era una celebración que les conectaba entre ellos, a la generación previa y a la siguiente, y al propio Dios. El acto de la circuncisión era más que un ritual o rito de iniciación, ya que era una señal del acuerdo vinculante que Dios había hecho entre Él mismo y su pueblo. Dios conectó intencionalmente la circuncisión y el pacto.

En la inauguración del pacto en Génesis 17, Dios bendijo a la familia generacional de Abram, habló de una nueva vida en una tierra nueva, y le dio un nombre nuevo: Abraham. La ceremonia de circuncisión era la conmemoración de una nueva familia, una nueva vida, un nuevo nombre. ¿Es de extrañar que la Escritura marque este momento específico con una gran conversación en torno a cuál debía ser el nombre de JEB? Sería a través de su misión como llamaría a la gente a una consciencia de un cambio en el pacto. El Salvador venía, y traería un nuevo pacto, uno que formaría una nueva familia, una nueva vida y un nuevo nombre a través del derramamiento de su sangre.

5. **Repasa 1:61-66.** ¿Qué acción hizo que Zacarías pudiera hablar de nuevo? ¿Qué fue lo primero que hizo cuando pudo hablar?

El silencio causó el efecto que pretendía causar en el corazón de Zacarías. No usó la disciplina de Dios como una oportunidad para amargarse, sino que la vio como una señal de la corrección amorosa de Dios. Cuando le preguntaron cuál sería el nombre del bebé, respondió de forma sencilla, pero con una devota obediencia: "Se llamará Juan". Fue una obediencia que abrió su boca, y lo que salió fue alabanza.

6. La obediencia de Zacarías fue sencilla, pero visible. Llena la tabla siguiente para que practiques este gesto de obediencia con Él.

¿Qué acto sencillo de obediencia te está llamando Dios a hacer?*	**Ponte una fecha**	**¿Con quién necesitas compartir esto como medio de rendición de cuentas?**

* No pienses a lo grande. Por ejemplo, puedes empezar con un presupuesto, leer la Biblia todos los días esta semana, memorizar un versículo, etc.

7. **Repasa 1:67-80.** Dibuja lo que te imaginas cuando oyes "cuerno de salvación".

En cuanto Zacarías pudo hablar, comenzó a alabar a Dios de inmediato y a profetizar acerca de Jesús. No habló sobre su hijo ni expresó gratitud por haber recuperado el habla; se regocijó en Cristo como Salvador. Algunos eruditos creen que estas primeras palabras que pronunció fueron la bendición que originalmente debía ofrecer meses antes, en su día de servicio en el templo. Retenidas en un suspenso divino a través de su mudez temporal, estas palabras no fueron silenciadas ni reprimidas, sino que se maceraron en su alma hasta que estallaron, llenas de poder y alabanza, desde un corazón ablandado y una boca abierta.

La expresión "cuerno de salvación" probablemente no sea una frase que uses en tu lenguaje cotidiano, pero la imagen es poderosa. La salvación que Cristo trae es *gloriosa* porque es "levantada" por encima y más allá de cualquier otra forma de redención, salvador político o revolucionario radical. Y es una salvación *abundante*, desbordante como la cornucopia ("cuerno de la abundancia") más hermosa del día de acción de gracias que hayas visto. Rebosa con el pan de vida, agua viva, sustento y satisfacción que no pueden llegar por ningún otro medio. Y es una *salvación poderosa*: así como la fuerza de muchos animales está en sus cuernos, la fuerza del pueblo de Dios está en su Salvador. No hay poder que pueda superar o vencer el nombre de Jesús. Todo lo que se atreva a enfrentarse a Él fracasará.

La profecía final de Zacarías se unió a las voces de todos los profetas que le precedieron, llamándonos a mirar nuevamente a este alto y exaltado cuerno de salvación: Jesucristo. Como escribió John Trapp en su comentario sobre Lucas: "Hubo muchos profetas, pero todos tuvieron una sola boca: tan dulce es su armonía".[1] Y es esta armonía la que nos llevará al nacimiento del Salvador mismo.

1. John Trapp, *A Commentary or Exposition Upon the Gospel according to Saint Luke* (Ann Arbor: Text Creation Partnership), capítulo 1, p. 48, https://quod.lib.umich.edu/e/eebo/A63067.0001.001/1:7?rgn=div1;view=fulltext.

DÍA 4

LUCAS 2:1-21

LEE LUCAS 2:1-21

Te aviso: este día podría arruinar gran parte de tu nostalgia navideña. La cuidadosa atención que da Lucas al detalle nos invita a dar un giro de tuerca a una frase familiar: No pierdas de vista el *bosque* por centrarte en los *árboles*. A veces podemos visitar un lugar tan a menudo que nos olvidamos de mirarlo bien. Los colores palidecen, las imágenes se nublan, y los detalles verdaderos y milagrosos de la historia se pierden en la fábula conocida.

1. **Repasa 2:1-5.** Frena y observa los "árboles". Llena la tabla de abajo con los detalles que encuentres.

¿Quién ordenó hacer un registro?	
¿Quién debía responder a este mandato?	
¿Dónde debían ir?	
¿Cuál era el principal objetivo de un "censo" en esos tiempos? (Para ello tal vez tengas que buscar en internet).	

¿En qué región estaba José cuando se emitió el decreto?	
¿Qué ciudad?	
¿A qué región tenía que viajar?	
¿A qué ciudad?	
¿Qué distancia a pie había entre estas dos ciudades? (Para ello tal vez tengas que buscar en internet).	
¿Qué se menciona sobre el linaje de José que podría ser importante?	

Es importante bajar el ritmo y trabajar un poco para situarnos en el momento y el lugar adecuados. César Augusto fue el primer emperador del Imperio romano. Antes de esto, Roma siempre había sido una república, gobernada por grupos y leyes. Un hombre reinaba como Augusto, el "sagrado" y "exaltado". Se había erigido en salvador político, el que finalmente calmaría una cuenca mediterránea asolada por la guerra. El humilde Salvador estaba a punto de nacer bajo el reinado de un ser autoelevado. No vendría con pompa y solemnidad, sino en pobreza y miseria.

2. **Repasa 2:6-7.** Lucas nos da cuatro datos importantes que revelan las circunstancias del nacimiento de Jesús. Acerquémonos a ellas y asegurémonos de que la imagen en nuestra mente se asemeje a los detalles que vemos en la página. **Usando un comentario o diccionario bíblico, busca "pañales".** Escribe lo que encuentres.

En aquellos días, el estatus de una familia estaba indicado por el esplendor y costo de la tela que usaban para los recién nacidos. Los niños de padres ricos eran envueltos en lino blanco o telas púrpura, sujetas con un broche. Jesús no tuvo tal vestimenta. La palabra traducida como *pañales* viene de una palabra griega que significa "desgarrar". Imagínate a María y José buscando retazos y envolviendo a su Hijo divino en lo que tuvieran a la mano. Lejos de casa, hicieron lo que pudieron con muy poco. Esto evidencia que la familia de Jesús era pobre, y es una de las muchas pruebas de que el Salvador vino para los humildes y los desplazados.

María "lo acostó en un pesebre, porque no había lugar para ellos en el mesón". Un pesebre es el lugar donde ponían la comida para los animales, pero la mayoría de ellos estaban tallados en piedra. Los árboles escaseaban en el antiguo Israel, pero la piedra era abundante. Este suceso probablemente ocurrió en una cueva, el lugar donde muchas personas guardaban a sus animales en el invierno, y los abrevaderos normalmente se tallaban en las paredes de la cueva; pero como los animales estaban en el campo con los pastores (2:8), es probable que la cueva estuviera vacía, dejando así espacio para que se alojasen María y José (y posiblemente otros visitantes de la ciudad que habían acudido para el censo).

Y allí mismo, en ese lugar modesto y probablemente sucio, nació el Salvador. Imagínate el olor. Imagínate el lugar. E imagínate el llanto del héroe del cielo irrumpiendo en toda esta escena.

Hablando de olores, hablemos ahora de los pastores.

3. **Repasa 2:8-14.** Llena la tabla de abajo según 2:10.

¿Qué trajo el ángel?	**¿De qué?**	**¿Para quién?**

En el Israel del primer siglo, los pastores a menudo eran mujeres, y a veces hombres (especialmente si no había hijas en la familia) de mala reputación. Como grupo, tenían un estatus bastante bajo en la sociedad. Aunque a algunos se les confiaba el nacimiento, protección y crianza de los corderos del templo para los sacrificios rituales, por lo general eran vistos como marginados y poco confiables. Y, aun así, el ángel les confió esta buena noticia a ellos. Sin duda un gran gozo para todo el pueblo.

4. El ángel les dijo a los pastores que reconocerían al Salvador porque estaría "envuelto en pañales y acostado en un pesebre". ¿Cómo revelan estos dos detalles la identidad del Salvador a los pastores? **Usa una herramienta de estudio bíblico para ayudarte.**

En lo que respecta a lo ceremonial, cuando nacía un cordero perfecto se apartaba para el sacrificio, y había que envolverlo en "pañales" para protegerlo, calentarlo y preservarlo. Solo se podía usar el cordero para el sacrificio si este era perfecto. Estos pastores habían envuelto en pañales a estos corderitos muchísimas veces, sabiendo que lo estaban guardando hasta que se pudiera sacrificar. La pista que les estaba dando el ángel no era solo para que reconocieran la identidad del niño, sino para que reconocieran el propósito del niño. Este ser humano sería un cordero sacrificial, enviado para ser el Salvador de la humanidad. ¿Qué mejor grupo para ser los primeros en escuchar esta buena noticia de gran gozo? ¡Él había venido! Y se ofrecería a sí mismo como el sacrificio perfecto para nuestra salvación.

5. **Repasa 2:15-21.**

La noche terminó con los pastores corriendo a contar las buenas noticias. María, por otro lado, "atesoraba todas estas cosas…en su corazón". Cuando se trata de buenas noticias que Dios comparte con nosotros, hay veces que son para compartirlas y otras para atesorarlas. Los pastores corrieron para contarlas. María pausó para atesorarlas. Ambas son necesarias en esta vida de seguir a Jesús. Es al contar cuando acercamos a otros a Él, y es al atesorarlas cuando nosotros nos acercamos más a Él.

6. ¿Qué es algo bueno que has aprendido de la lectura de hoy que puedas contarle hoy mismo a alguien? ¿Qué es algo bueno que hayas oído de Dios hoy que tienes que atesorar y guardar para ti?

DÍA 5

LUCAS 2:22-52

LEE LUCAS 2:22-52

La mayoría de la lectura de hoy gira alrededor del templo. Así que si aún no has hecho un recorrido por el mismo, ¡hoy mismo te familiarizarás con él!

1. **Repasa 2:23-24, después lee Mateo 5:17 y Levítico 12.**

Jesús vino para cumplir con cada aspecto de la ley, incluso en su infancia. Así que su familia lo llevó al templo para presentarlo ante el Señor. María también caminó en obediencia a la ley levítica, llevando dos aves como sacrificio. Las aves eran el sacrificio de los pobres (Levítico 12:8). Es posible que María y José se pudieran permitir llevar un cordero, pero Dios les confió que llevaran el cordero perfecto de Dios, el cual sería sacrificado por la salvación de todos.

2. **Repasa 2:25-35.** ¿Qué oyó Simeón del Señor? ¿Por qué era eso tan importante?

Hubo cuatrocientos años de silencio entre el Antiguo Testamento y el Nuevo, pero Simeón sirvió como prueba de que Dios no había estado callado completamente; Él seguía hablando a individuos que caminaban en rectitud.

3. Algo (o alguien) aparece por primera vez en 2:32. Haz un círculo alrededor de cuál crees que sea la respuesta.

"Luz de revelación a los gentiles, y gloria de Tu pueblo Israel".

Mira el diagrama del templo. Dibuja una línea alrededor del atrio de las mujeres. Marca cada puerta de entrada al templo con una X.

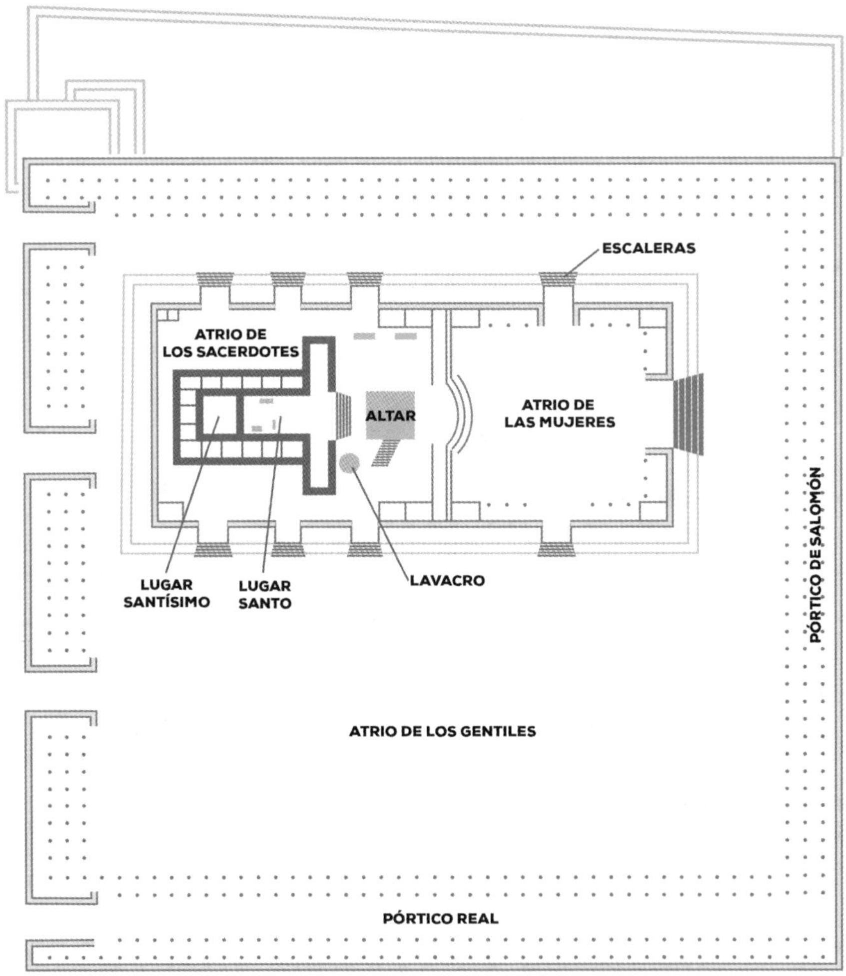

Cada línea y cada X revela una barrera entre los gentiles y la presencia de Dios. Es impactante (y revelador) que en el diseño del templo de Dios, Él incluyera un lugar para los gentiles. Siglos antes, este detalle arquitectónico sirvió como pista de las buenas noticias que vendrían, pero Israel no lo había entendido. Los judíos siempre habían trazado claras líneas de delineación entre su zona y la de los gentiles en cada aspecto de su vida. Al fin y al cabo, ellos eran un pueblo apartado. Eran el pueblo escogido de Dios, y los gentiles no estaban incluidos.

Pero ahora vemos aquí a Simeón, donde los gentiles no podían entrar, declarando una palabra que nadie esperaba: "La salvación ha llegado para los judíos *y* para los gentiles". Ya no habría líneas de separación. Ambos son unidos, y los dos son hechos uno. ¡Imagínate si alguien del templo hubiera escuchado eso!

Aparentemente, no lo escuchó nadie.

4. **Repasa 2:36-40.**

5. ¿Qué título le da la Escritura a Ana? ¿Por qué es importante?

El hecho de que se mencione a Ana por nombre muestra el honor que Dios da a las mujeres una vez más. No sabemos cómo Ana consiguió su título, pero sabemos que caminaba con el Señor "sirviendo noche y día con ayunos y oraciones". Solo podemos esperar que todavía estuviera allí orando cuando Jesús regresó doce años después.

6. **Repasa 2:41-45.**

7. María y José fueron a la fiesta de la Pascua a celebrar el milagroso rescate de su pueblo de la esclavitud de Egipto (Éxodo 12). **Lee Deuteronomio 16:16.** ¿Cuántas veces al año tenían que ir los judíos fieles a Jerusalén para las fiestas rituales?

María, José y Jesús iban y venían de Jerusalén viajando con un gran grupo de Galilea. Probablemente hayas hecho algún gran viaje con algún amigo o con tu familia. Ahora, quita las minivanes, los asientos de seguridad y las paradas en gasolineras, y tiene sentido que un niño pudiera escaparse de tu vista.

Después de un día de viaje cuesta abajo, María y José se dieron cuenta de que Jesús, en realidad, no estaba entre su grupo. Probablemente salieron temprano a la mañana siguiente para emprender el camino cuesta arriba de regreso a Jerusalén.

8. **Repasa 2:46-52.**

9. ¿Dónde encontraron a Jesús? ¿Qué estaba haciendo?

María y José finalmente encontraron a Jesús después de tres días. Estaba sentado en el templo "en medio de los maestros" y haciéndoles preguntas. Esto se convirtió en una marca familiar de la estrategia de enseñanza de Jesús para el resto de su ministerio terrenal: hacer preguntas para las que Él ya conocía la respuesta, invitando a tener un diálogo más amplio. En los cuatro Evangelios, a Jesús se le hicieron 183 preguntas. En contraste, Él *hizo* 307 preguntas. Solo respondió a tres directamente.

¿Por qué? Su meta no era frustrarnos o confundirnos, porque Dios no es un Dios de confusión (1 Corintios 14:33). Hace preguntas para acercarnos más a Él, para abrir nuestro entendimiento. Las preguntas son una invitación a dialogar más. Más diálogo requiere más tiempo. Más tiempo lleva a pasar más tiempo *juntos*. Más tiempo juntos lleva a una relación y entendimiento. Y eso es lo que Jesús quiere.

10. Dedica un tiempo a participar en estas conversaciones de preguntas a continuación.

Cita	¿Qué preguntas le hicieron a Jesús?	¿Qué preguntas hizo a manera de respuesta?	¿Cuál fue el resultado?
Lucas 2:48-51			
Mateo 22:15-22			
Marcos 11:27-33			

11. **Compara 2:51-52 con Hebreos 4:15-16.** ¿Qué similitudes observas?

Jesús, lleno de poder, se fue del templo para someterse a sus padres terrenales. Jesús, lleno de sabiduría, siguió creciendo y aumentando su entendimiento. Jesús *escogió* atarse a las condiciones humanas. Él *escogió* estar con nosotros para que pudiéramos estar con Él. Y qué regalo... porque ¡Él está donde está el gozo!

12. ¿Qué fue lo que más te impactó del estudio de esta semana? ¿Por qué?

13: ¿Qué aprendiste o recordaste sobre Dios y su carácter esta semana?

DÍA 6

SALMO CORRESPONDIENTE Y ORACIÓN

LEE SALMOS 16

1. ¿Qué correlación ves entre Salmos 16 y el estudio de esta semana de Jesús como Salvador?

2. ¿Qué porciones de este salmo captan más tu atención?

3. Termina haciendo esta oración en voz alta:

Padre,

"Tú eres mi Señor; ningún bien tengo fuera de Ti" (Salmos 16:2). Te alabo porque eres mi Creador, quien me sostiene y me llena. Tú me creaste, me cuidas ¡y me das gozo! Enviaste a tu Hijo para cumplir tu pacto y ofrecer tu gozo.

Confieso que no soy un digno receptor de tu bondad. Se me olvida el milagro del nacimiento de tu Hijo y dudo de ti como el que hace milagros. Me has mostrado el camino de la vida en su plenitud, pero yo he escogido mi propio camino. He ido tras ídolos en lugar de buscarte a ti. Perdóname, Dios.

¿Harás que sea yo un siervo contento? Ayúdame a darme cuenta, como David, de que gracias a ti "las cuerdas me cayeron en lugares agradables; en verdad es hermosa la herencia que me ha tocado" (Salmos 16:6). Y ayúdame a proclamar como María: "Aquí tienes a la sierva del Señor; hágase conmigo conforme a tu palabra" (Lucas 1:38).

Rindo a ti mi vida, Señor; en cada momento de mi día, en cada decisión que tome, cedo mi voluntad y mi camino a tu perfecta voluntad y camino.

Yo también te amo. Amén.

DÍA 7

DESCANSA, PONTE AL DÍA O PROFUNDIZA

RETO SEMANAL

Los dos capítulos de Lucas del estudio de esta semana están llenos de estallidos de alabanza: Elisabet por la visita de María, María y su Magníficat, Zacarías y su profecía, la alegría de Simeón, la alabanza de Ana. Usando tu diario, escribe tu propio poema o canto de alabanza, dando gracias a Dios por quién es Él y por lo que ha hecho. Si te resulta útil, usa el Magníficat de María como guía. Si no eres alguien creativo, no te preocupes, ¡no tiene que rimar! Y si resulta que tienes una vena creativa, siéntete libre para hacer una obra de arte usando tu poema.

VERSÍCULO PARA MEMORIZAR

Y mi espíritu se regocija en Dios mi Salvador.

Lucas 1:47

SEMANA 2

Lucas 3-5:

El poder del Salvador

LECTURA BÍBLICA DIARIA

Día 1: Lucas 3

Día 2: Lucas 4:1-15

Día 3: Lucas 4:16-44

Día 4: Lucas 5:1-16

Día 5: Lucas 5:17-39

Día 6: Salmos 32

Día 7: Para ponerte al día

Corresponde a los días 277-278 de *La sinopsis de la Biblia*

RETO SEMANAL

Ver la página 68 para más información.

DÍA 1

LUCAS 3

LEE LUCAS 3

1. **Repasa 3:1-6**

El relato preciso de Lucas abre nuestra segunda semana de estudio. Su relato de los líderes políticos existentes durante el ministerio de JEB queda confirmado por muchas fuentes históricas no bíblicas. En la América actual, la lista de Lucas sería similar a nombrar al presidente del país, al gobernador de un estado y al alcalde de una ciudad; sin embargo, incluso con líderes poderosos ejerciendo un gobierno con puño de hierro, un profeta indómito del desierto los eclipsó a todos.

Después de que la palabra de Dios llegó a JEB en el desierto, él comenzó su obra. Habían pasado cuatrocientos años de silencio desde la última vez que Dios envió un profeta a hablar a su pueblo. Y había llegado el momento no solo para otro profeta, sino para el precursor del Mesías.

2. **Lee Malaquías 3:1.** ¿Qué dijo el último profeta del Antiguo Testamento que debía esperar el pueblo?

JEB preparó el camino para el Mesías, predicando y bautizando. Proclamó la necesidad de arrepentimiento: apartarse del pecado y volverse a Dios. El bautismo en sí no asegura el perdón de Dios, pero sí simboliza nuestro "arrepentimiento para el perdón de los pecados" (Lucas 3:3).

Malaquías se refirió a JEB como un "mensajero del pacto" (Malaquías 3:1). En el Antiguo Testamento, Dios estableció un pacto con su pueblo que los apartaba para una relación especial con Él. A través de Jesús, el nuevo pacto no solo redime a Israel, sino que también extiende esa redención a los creyentes de todas las naciones. La etnicidad es una herencia. La fe en Jesús es una decisión.

3. **Repasa 3:7-14.**

4. En la siguiente tabla, escribe cada pregunta hecha y quién la hizo.

Versículo	Quién pregunta	Pregunta que se hace
3:10		
3:12		
3:14		

5. ¿Por qué crees que Lucas mencionó tres grupos distintos de personas que hacían la misma pregunta?

JEB no le pidió a ninguno de los grupos que dejaran sus trabajos y se dedicaran al ministerio a tiempo completo. Les enseñó a proveer generosamente para los demás, a hacer su trabajo con rectitud, y a vivir sus vidas con fidelidad. La hermosa e inclusiva buena noticia del perdón invita a todos, incluso a los recaudadores de impuestos, a unirse. Y el requisito correctamente específico para ese perdón es el arrepentimiento. La generosidad y la integridad no son necesarias para la salvación, pero son evidencia de un corazón genuinamente transformado.

6. Si le preguntaras a JEB: "¿Qué debemos hacer?", pensando en tu trabajo, ¿cómo crees que respondería?

7. **Repasa Lucas 3:15-20.**

JEB dijo algunas verdades duras a sus oyentes, hablando de víboras, ira, un hacha, y de ser cortado y echado al fuego, pero Lucas dijo que JEB "anunciaba las buenas nuevas al pueblo" (v. 18).

8. ¿Cuál fue la buena nueva que JEB predicaba? ¿Por qué esa buena noticia es importante para ti hoy?

Al igual que con los profetas del Antiguo Testamento, Dios envió a JEB para entregar un mensaje a su pueblo. Pero, a diferencia del mensaje de los profetas del Antiguo Testamento, el mensaje que JEB debía entregar era que el Mesías *había llegado*. El de los profetas era un mensaje de "¿Cuándo?", y el de Juan era un mensaje de "¡Ahora!". Este mensaje fue la gota que colmó el vaso en la lista de supuestas ofensas que el rey Herodes atribuía a JEB, por lo que ordenó su arresto y encarcelamiento.

9. **Repasa Lucas 3:21–22.**

Jesús no comenzó su ministerio reuniéndose con líderes políticos ni con los sumos sacerdotes. Fue al desierto y se sometió al bautismo. Algunas tradiciones de fe creen que su bautismo purificó las aguas para las futuras generaciones de cristianos, mientras que otras piensan que estaba estableciendo un ejemplo para los cristianos venideros; pero ambas posturas coinciden en lo siguiente: Jesús no necesitaba ser bautizado como símbolo de arrepentimiento, porque ciertamente no tenía necesidad de arrepentirse. Y, sin embargo, su perfecta obediencia a su misión fue confirmada con la aprobación de Dios el Padre: "Tú eres mi Hijo amado; en Ti me he complacido" (v. 22).

10. **Repasa 3:23-38.**

El Evangelio de Mateo comienza con la genealogía de Jesús, pero en el Evangelio de Lucas la genealogía marca el inicio del ministerio de Jesús. También puedes notar que hay algunas diferencias entre las listas de ancestros en estos dos Evangelios.

11. **Repasa 3:38 y lee Mateo 1:2.** ¿Quién es el ancestro más antiguo listado en cada genealogía?

Mateo, un judío, trazó la genealogía de Jesús hasta el padre del pueblo judío. Lucas, un gentil, trazó la genealogía de Jesús hasta el padre de la humanidad. Ambas son correctas. Jesús es descendiente de Abraham, a través de quien "todas las familias de la tierra" (Génesis 12:3, NVI) serán bendecidas. Y Jesús es descendiente de Adán, de quien todos descendemos. Jesús es el Mesías prometido al pueblo de Dios y el Salvador que todas las personas pueden conocer.

12. ¿Qué revelan estas dos genealogías sobre el corazón de Dios?

DÍA 2

LUCAS 4:1-15

LEE LUCAS 4:1-15

La lectura de hoy comienza con Jesús en el desierto durante cuarenta días. El número cuarenta es significativo en toda la Escritura. Durante sus cuarenta años en el desierto, los israelitas enfrentaron tres grandes tentaciones, similares a las tentaciones que nuestro Salvador enfrentó en el desierto. El apóstol Juan resumió estos tipos de tentaciones en 1 Juan 2:16.[2]

1. **Lee 1 Juan 2:16.** ¿Cuáles son las tres tentaciones del mundo?

2. **Repasa 4:1-13.**

Durante cuarenta días, Jesús estuvo "siendo tentado por el diablo" (v. 2). Aunque no conocemos las tentaciones específicas durante ese periodo, el lenguaje aquí implica que fue tentado *todo el tiempo*. Luego, al final de ese

2. Nick Batzig, "How Does Jesus' Temptation Link Him to Israel?", *Tabletalk*, 22 de enero de 2020, https://tabletalkmagazine.com/posts/how-does-jesus-temptation/.

periodo, el enemigo hizo un último intento desesperado por lograr que el Salvador del mundo pecara, y usó la Escritura para hacerlo.

3. ¿Qué pasaje del Antiguo Testamento torció el enemigo para tentar a Jesús (4:10-11)? **Usa una Biblia de estudio para ayudarte.**

Jesús respondió a la Escritura intencionalmente malinterpretadas por el diablo con su verdadero significado. Torcer la Escritura para ajustarla a propósitos egoístas es un juego antiguo y peligroso. Suponer el significado de la Escritura basándose en un versículo fuera de contexto a menudo conduce a la decepción y al dolor. Aquellos que engañan a otros con desinformación serán responsables (Gálatas 1:9). Estudiar la Biblia (aprendiendo cómo toda la Palabra de Dios funciona en conjunto) nos protege de creer esas mentiras y evita que engañemos a otros con ellas.

4. ¿Qué pasajes de la Escritura has escuchado que han sido torcidos, ya sea intencionalmente o no? ¿Cómo reconociste que estaban siendo torcidos?

5. ¿Puedes pensar en un momento en el que creíste una escritura torcida y eso te afectó negativamente? Si es así, describe brevemente su impacto.

Las tentaciones que enfrentaron Jesús y los israelitas son universales. Estas tentaciones han existido desde la caída. En Génesis, la serpiente tentó el orgullo de Eva al torcer las palabras de Dios, y ella le creyó y cayó en pecado. De manera similar, Adán fue tentado y la siguió en el pecado.

6. **Repasa 3:21-22 y lee Génesis 3:17-19.** Contrasta lo que Dios el Padre dijo a Adán, con lo que Dios el Padre dijo acerca de Jesús.

Pasaje	¿Qué dijo Dios?
Génesis 3:17-19	
Lucas 3:21-22	

7. **Lee Romanos 5:18-19.** ¿De qué modo es Jesús el verdadero y mejor Adán?

Jesús, completamente humano, fue tentado como lo fue Adán, como lo fueron los israelitas, y como lo somos nosotros. Pero Jesús, también completamente Dios, no pecó. Satanás toma el buen regalo de la Palabra de Dios y lo tuerce en fragmentos dañinos y llenos de orgullo. Desde el principio de los tiempos, la humanidad ha sido engañada con este truco, pero Lucas nos recuerda que hay esperanza, pero no en nosotros mismos, sino en Aquel que nunca ha sido engañado. La victoria de Jesús sobre el enemigo aquí es evidente y nos señala hacia su victoria final sobre el pecado y la muerte.

8. **Repasa 4:14-15.**

Hasta ahora, en cuatro eventos importantes de la vida de Jesús registrados en este Evangelio, Lucas ha hecho referencia al poder del Espíritu Santo.

9. Repasa los siguientes versículos y luego relaciona cada referencia al Espíritu con el evento correspondiente en la vida de Jesús.

Cita	Evento
1:35	El bautismo de Jesús
3:22	La tentación de Jesús
4:1	La estrella del ministerio de Jesús
4:14	La concepción de Jesús

10. ¿Por qué la presencia del Espíritu Santo es vital en estos acontecimientos?

La presencia del Espíritu Santo produce poder. Su poder apareció cuando una virgen concibió, una paloma descendió, y la tentación fue vencida. Y, en el momento preciso, con ese poder sustentador del Espíritu, comenzó el ministerio de Jesús.

11. ¿Cómo has visto el poder del Espíritu obrando en tu vida? Sé específico.

DÍA 3

LUCAS 4:16-44

LEE LUCAS 4:16-44

Desde el comienzo del mundo, Dios estableció el séptimo día, el *sabbat*, como un día de reposo. El cuarto mandamiento afirma no solo su valor, sino también su necesidad y santidad.

1. **Repasa 4:16-19.**

Como un judío respetuoso de la ley, Jesús pasó su *sabbat* en la sinagoga. En ese tiempo, era una práctica común que las sinagogas locales invitaran a rabinos visitantes (maestros) para leer la Escritura en el *sabbat*. El rabino leía el texto y luego pasaba tiempo explicándolo. Los asistentes a la sinagoga estaban acostumbrados a interpretaciones largas de la ley y los profetas, pero Jesús hizo algo completamente diferente.

2. Según 4:18-19 e Isaías 61:1-2, ¿qué vino a hacer Jesús?

Después de leer en voz alta la profecía sobre sí mismo, Jesús no ofreció de inmediato más explicación. En lugar de eso, enrolló la Escritura, se lo entregó al asistente de la sinagoga y *se sentó*. Todos miraban a Jesús. ¿Estaban en silencio por confusión? ¿Susurraban entre ellos con anticipación? ¿Estaban ansiosos? ¿Emocionados? Entonces, Jesús habló nuevamente. Dijo solo unas pocas palabras, pero esas palabras representaban un cambio en el mundo tal como ellos lo conocían.

3. **Repasa 4:20-22.**

4. Resume lo que Jesús le dijo a la gente en la sinagoga en 4:21. ¿Cómo respondieron?

5. **Repasa 4:23-27.**

La gente había oído hablar de los milagros y las sanidades en Capernaúm, y Jesús sabía que querían lo mismo para sí mismos. Tal vez querían que Él demostrara su divinidad, o quizás solo deseaban sus milagros, pero Jesús sabía que aun así no lo aceptarían. Así que les recordó que cuando los profetas de Dios, Elías y Eliseo, fueron rechazados por Israel, Dios envió a esos profetas a otros lugares con el mensaje. Jesús le estaba diciendo a su propio pueblo, en su propia ciudad natal, que no había venido solo para ellos sino también para los gentiles.

6. **Repasa 4:28-30.**

7. Completa la siguiente tabla para contrastar las dos respuestas de la multitud en este breve periodo de tiempo.

Pasaje	La respuesta de la multitud
4:22	
4:28-29	

8. ¿Por qué crees que las dos respuestas fueron tan distintas?

Jesús habló de la expansión de su reino para incluir a los gentiles, a quienes los judíos odiaban. Hubo momentos a lo largo de su historia en los que Dios les prohibió interactuar con los gentiles. Después de años de esclavitud, exilio y opresión, eran un pueblo que se preservaba a sí mismo; sin embargo, Jesús (su Mesías tan esperado) les decía que había venido como el Salvador para *todo el mundo*.

Antes de señalar con el dedo a los judíos por rechazar el plan de Dios, necesitamos examinar nuestros propios corazones. Cuando nos enfrentamos a una verdad que contradice nuestras propias tradiciones o creencias autodefensivas, nuestras reacciones a menudo son más cercanas a las de la gente de Nazaret de lo que nos gustaría admitir. Especialmente cuando esa verdad nos desafía a amar a aquellos que preferiríamos evitar o ignorar.

9. ¿Hay alguna verdad que hayas aprendido sobre Dios que corrigió uno de tus conceptos erróneos? Describe cómo te sentiste cuando llegaste a comprender la verdad.

10. **Repasa 4:31-37.**

Un tiempo después del milagroso escape de Jesús (que ni siquiera el doctor Lucas intenta explicar) de la multitud de su ciudad natal, Él estaba enseñando en una sinagoga en Capernaúm en otro *sabbat*. Cuando los rabinos del primer siglo leían los textos en la sinagoga, a menudo explicaban esos textos a la gente citando las opiniones de otros rabinos, pero Jesús enseñó usando otra táctica.

11. Según 4:32, ¿qué era diferente en la enseñanza de Jesús? ¿Por qué?

Jesús fue interrumpido por un hombre poseído por el espíritu de un demonio impuro. Cuando el demonio pronunció el nombre y la identidad de Jesús, Él lo reprendió y echó fuera al demonio. Poco después, Jesús repitió esta misma instrucción a más demonios, prohibiéndoles hablar.

12. ¿Por qué crees que Jesús no permitió que los demonios hablaran, incluso cuando decían la verdad sobre quién era Él?

Este es el primer ejemplo en Lucas de lo que se conoce como el secreto mesiánico, en el que Jesús quería esperar para revelar su plena identidad hasta que el momento fuera el adecuado, pidiéndoles a las personas, e incluso a los demonios, que guardaran silencio.

En el mismo *sabbat*, después de enseñar en la sinagoga, Jesús fue a la casa de Simón (también llamado Pedro o Simón Pedro), uno de sus primeros discípulos. La suegra de Simón Pedro estaba enferma con fiebre alta, y la familia estaba preocupada por ella.

Jesús la sanó tan completamente que ni siquiera necesitó tiempo de recuperación. Ella se levantó de inmediato y les servía. Su respuesta fue la correcta, y nos recuerda que cuando realmente entendemos lo que Dios ha hecho por nosotros, lo alabaremos y serviremos.

Cuando se puso el sol, el *sabbat* terminó y el trabajo que estaba prohibido durante las horas de luz del *sabbat* se reanudó. Multitudes de personas llevaron a sus seres queridos enfermos a Jesús. Jesús era completamente humano, y había tenido un día largo lleno de enseñanzas, demonios y sanidades; y probablemente estaba cansado. Podría haber sanado a toda la multitud de una vez, pero no lo hizo.

13. **Repasa 4:38-41.**

14. ¿Qué hizo Jesús en 4:40? ¿Cómo te ha prestado Él una atención individual?

15. **Repasa 4:42-44.**

Cuando salió el sol, Jesús finalmente pudo irse a descansar, pero la gente todavía intentaba seguirlo. Querían que se quedara, pero Él se negó. Tenía que cumplir el plan perfecto de Dios de compartir las buenas noticias del reino.

DÍA 4

LUCAS 5:1-16

LEE LUCAS 5:1-16

A medida que cada escritor del evangelio contó las buenas noticias de Jesús a través de su perspectiva única, algunos eventos recurrentes fueron registrados en diferentes órdenes.

1. Escribe las frases de transición al comienzo de cada uno de los siguientes versículos:

- 5:1–"Aconteció"
- 5:12–
- 5:17–

2. ¿Cómo revelan estas frases que los eventos en Lucas no están necesariamente en orden cronológico?

3. **Repasa 5:1-11.**

Lucas registró primero el inicio del ministerio de Jesús, y entonces estableció el señorío de Jesús sobre los discípulos. Ahí es donde comenzamos hoy. El área alrededor del lago de Genesaret, también conocido como el mar de Galilea, era hogar de pescadores expertos como Simón Pedro, Jacobo y Juan. Pasaron sus vidas aprendiendo el oficio de sus padres, pero esa noche en particular no habían pescado nada. Mientras lavaban sus redes tras su agotadora frustración, Simón Pedro accedió a la solicitud de Jesús de usar su barca para enseñar a la multitud y la alejó un poco de la orilla. Después de enseñar, Jesús le dijo a Simón Pedro que sacara su barca y echara las redes una vez más.

4. ¿Cómo respondió Simón Pedro a Jesús en 5:5-7? ¿Qué sucedió?

Una pesca única (una de la que cualquier pescador habría pasado el resto de su vida presumiendo) llenó dos barcas hasta tal punto que comenzaron a hundirse. Pero Simón Pedro no prestó atención a los peces.

5. ¿Qué hizo Simón Pedro en 5:8? ¿Qué dijo? Completa el cuadro siguiente.

Acción	Palabras

Aquí, Simón Pedro apenas comenzaba a entender quién era Jesús. A medida que continuaba el ministerio de Jesús, Dios le dio a Simón Pedro una comprensión más profunda de la divinidad de Jesús, comprensión que Simón Pedro solo entendió completamente después de la muerte y resurrección de Jesús; sin embargo, con el primer atisbo del poder y la bondad de su Salvador, la respuesta de Simón Pedro fue sentir, con razón, su propia insignificancia en comparación con la magnificencia de Jesús.

6. Describe un momento en el que te sorprendió tu propia pequeñez a la luz de la gloria de Jesús.

Cuando Dios nos da un reconocimiento genuino de quiénes somos y quién es Él, nuestra única opción correcta es la obediencia. Jesús incluso le dijo a Simón Pedro cuál sería el resultado de su obediencia: "Desde ahora serás pescador de hombres" (v. 10).

Jesús llamó a sus tres primeros discípulos y le dijo a Simón Pedro que a partir de ese momento pescarían hombres (de la palabra griega *anthropos*, que significa tanto hombres como mujeres). Estos jóvenes discípulos no podían haber comprendido completamente lo que eso significaba, pero sabían que todo lo que estuviera relacionado con Jesús era mejor que todo lo que estuviera sin Él. Así que lo dejaron todo, su familia, su propiedad y la pesca de una vida, que aún estaba rompiendo las redes, para seguir a su Salvador.

7. ¿Tú, o alguien que conoces, ha sido llamado a dejar algo atrás para seguir a Cristo? ¿Qué fue?

8. **Repasa 5:12-16.**

Algunos dejaron todo lo que tenían para seguir a Jesús. Otros le rogaron, con todas las fuerzas que les quedaban, que los sanara. En la Biblia, "lepra" podría referirse a varios tipos de enfermedades graves de la piel. El hombre que se acercó a Jesús estaba "lleno de lepra", lo que significa que su caso era avanzado, independientemente de la forma de lepra que tuviera. En algunos casos, con el tiempo, la piel se infectaba tanto que las extremidades se pudrían o incluso se caían. De acuerdo con la ley judía, y para evitar la propagación de la enfermedad, a alguien con lepra se le enviaba lejos de la comunidad. Este hombre, sufriente y aislado, vio a Jesús y le rogó su sanidad.

9. **Lee 5:13 abajo.** Subraya lo que Jesús dijo. Pon en un círculo lo que Él hizo.

> Extendiendo Jesús la mano, lo tocó, diciendo: "Quiero; sé limpio".

Jesús podría haber sanado a este hombre solitario y desesperado con una palabra, pero no lo hizo. Jesús no solo se acercó al hombre, sino que también lo *tocó*.

Jesús envió al hombre sanado al sacerdote para que pudiera regresar plenamente a participar en su comunidad, pero le dijo que "no se lo dijera a nadie". Este es otro ejemplo del secreto mesiánico, del cual aprendimos en el día 3 de esta semana (ver página 55).

10. Teniendo en cuenta lo que sucedió con la multitud en Nazaret en Lucas 4, ¿por qué crees que Jesús le dijo al hombre que no le dijera a nadie quién lo sanó?

A pesar de las instrucciones de Jesús de mantenerse en silencio, la noticia sobre Él se extendió, y llegaron multitudes. Oyeron su enseñanza y pidieron su sanidad. Y Lucas observó que durante ese tiempo Jesús "se retiraba a lugares solitarios y oraba" (v. 16).

11. ¿Por qué crees que Lucas incluyó el hábito de Jesús de retirarse a orar? ¿Qué significa esto para tu vida?

DÍA 5

LUCAS 5:17-39

LEE LUCAS 5:17-39

Hoy conocemos a los fariseos, que eran líderes religiosos judíos en la época de Jesús. Los fariseos estaban muy preocupados por cumplir la ley, por lo que tomaban las leyes de Dios y construían una cerca más amplia alrededor de ellas para evitar que la gente quebrantara la ley accidentalmente. Lo que pudo haber comenzado como un intento bien intencionado de interpretar la ley de Dios con precisión y claridad, se convirtió en una caza legalista para avergonzar a cualquiera que pasara por las cercas hechas por el hombre. Esta es una ilustración de cómo funcionaba eso: si el límite de velocidad era de cien kilómetros por hora, los fariseos "dibujaban la cerca" a ochenta kilómetros por hora solo para asegurarse de que nadie con un velocímetro roto se acercara siquiera a sobrepasar el límite de velocidad. Luego comenzaron a tratar sus cercas como si fueran realmente la ley misma, poniendo multas a cualquiera que condujera a ochenta y cinco kilómetros por hora.

1. **Repasa 5:17-26.**

Fue en este clima cuando un grupo de amigos llevó a un hombre paralítico ante Jesús. Habían oído hablar de sus milagros, y estaban tan decididos a llevar a su amigo a Él que movieron tejas del techo para hacerlo. Jesús vio su fe y actuó; pero no solo sanó a su amigo.

2. ¿Por qué era más fácil para Jesús decir "tus pecados te son perdonados"?

El libro de Daniel profetizó que el Hijo del Hombre (Jesús) reinaría eternamente. En 5:24 Lucas introdujo el título "Hijo del Hombre" para mostrar a Cristo como el Salvador que perdona los pecados. Los profetas del Antiguo Testamento dijeron al pueblo de Dios lo que su Salvador haría, y finalmente Él estaba aquí. En 5:21-24 Lucas muestra la divinidad de Jesús de tres maneras: Él sana, percibe pensamientos, y perdona pecados.

3. **Lee cada profecía a continuación.** Relaciona cada una con el ejemplo de su cumplimiento en este evento.

Cita	Acontecimiento
Isaías 35:5-6	Él perdona pecados
Isaías 66:18	Él percibe pensamientos
Miqueas 7:18	Él sana

4. **Repasa 5:27-32.**

Más tarde, Jesús vio al recaudador de impuestos Leví, que casi con certeza era el hombre que conocemos como Mateo, el escritor del Evangelio. Los recaudadores de impuestos en tiempos de Jesús eran considerados traidores por sus compatriotas judíos. Trabajaban para el Imperio romano, recaudando dinero de su propio pueblo para financiar al ejército que los oprimía. Leví estaba trabajando en su puesto de recaudación, recolectando fondos para apoyar a Roma, pero Jesús tenía otros planes para él.

5. Llena la tabla a continuación según 5:27-28.

Palabras de Jesús	Acciones de Leví

Cuando Leví ofreció un banquete para Jesús e invitó a algunos de los líderes religiosos de la zona (los fariseos), se horrorizaron ante la presencia de pecadores alrededor de la mesa. Lo que los fariseos se negaban a ver era que ellos también eran pecadores.

Al igual que los fariseos, para algunos cristianos puede ser fácil caer en el legalismo, evitando por completo la interacción con "recaudadores de impuestos y pecadores". Podemos aislarnos para evitar la corrupción (o al menos la apariencia de ella). Otros cristianos toman el ejemplo justo de Jesús aquí y lo llevan hasta el libertinaje. Podemos insistir en que podemos pasar el tiempo en cualquier lugar que queramos, en la compañía de quien queramos, sin que dañe nuestra fe o nuestra obediencia. Ir demasiado lejos en cualquiera de los dos extremos (legalismo o libertinaje) nos hace salir del camino de seguir a Jesús.

6. **Busca las diferentes definiciones de la palabra libertinaje en dos diccionarios diferentes.** Descríbelo con tus propias palabras.

Jesús comió con los pecadores. Los acogió. Los llamó. Y debido a su amor perfecto, ellos salieron de su presencia radicalmente transformados. Ellos no hicieron que Jesús quedara impuro; por el contrario, Él los hizo puros.

7. **Lee 5:32 a continuación.** Rodea con un círculo a quiénes llamó Jesús. Subraya a qué los llamó.

"No he venido a llamar a justos, sino a pecadores al arrepentimiento".

La misión de Jesús fue mejor que el legalismo y fue mejor que el libertinaje. Nuestro llamado es mejor que el legalismo y es mejor que el libertinaje.

8. ¿Cómo ha obstaculizado el legalismo tu caminar con Jesús? ¿Y el libertinaje?

9. **Repasa 5:33-39.**

Los invitados a la cena le preguntaron a Jesús por qué sus discípulos no ayunaban. Para responderles, Jesús les hizo una pregunta a ellos y relató un par de parábolas. Las parábolas son historias de enseñanza cortas con personajes sin nombre. Generalmente están destinadas a ilustrar un punto principal, por lo que no se deben analizar demasiado a fondo.

En su respuesta, Jesús ni afirmó ni negó el valor del ayuno, aunque Él mismo ayunaba, sino que señaló que el ayuno proviene de una postura de dolor, incertidumbre o arrepentimiento.

10. ¿En qué se parece el ayuno rutinario y sin inspiración a poner un parche nuevo en una ropa vieja? **Si es necesario, usa una Biblia de estudio o un comentario para obtener ayuda.**

Entonces Jesús les contó una parábola diferente, pero relacionada. Un odre viejo es quebradizo e inflexible, pero el vino nuevo necesita espacio para respirar y expandirse. ¿Recuerdas la insistencia de los fariseos en sus propias interpretaciones de la ley de Dios? Se habían vuelto tan rígidos que no podían sostener la alegría, el amor y la belleza que Jesús ofrecía.

Aunque 5:39 pueda parecer confuso, Jesús no revertió su significado aquí. Estaba criticando a los fariseos por aferrarse a su vino viejo con fuerza, insistiendo en que era bueno: mejor que el vino nuevo. El vino viejo era bueno, pero Jesús les ofrecía un vino nuevo que era infinitamente mejor. Y al negarse a probar y ver por sí mismos, se privaban del vino más rico, audaz y perfecto jamás servido. Él es mejor que todo a lo que nos aferramos obstinadamente, ¡y Él es donde está la alegría!

11. ¿Qué fue lo que más te impactó del estudio de esta semana? ¿Por qué?

12. ¿Qué aprendiste o recordaste sobre Dios y su carácter esta semana?

DÍA 6

SALMO CORRESPONDIENTE Y ORACIÓN

LEE SALMOS 32

1. ¿Qué correlación ves entre Salmos 32 y el estudio de esta semana sobre Jesús como Salvador?

2. ¿Qué porciones de este salmo captan más tu atención?

3. Termina haciendo esta oración en voz alta:

Padre,

¡Te alabo por tu amor tan firme! En tu gran misericordia, me invitas a confesarte mi pecado. Tú perdonas mi pecado y me das gozo, rodeándome con tu firme amor. ¡Gracias a ti estoy bendecido!

Me has enseñado el camino por el que debo andar, pero a veces he sido un pecador libertino que insiste en que tu gracia me permite pecar más. Y otras veces he sido un fariseo legalista al acreditar la salvación a mi propia justicia. Mientras tanto, he torcido tu santa Palabra para defender mi pecado. Perdóname mis muchas transgresiones. Cubre mi pecado con la sangre de tu Hijo Jesús.

Que me abrume tanto tu poder y bondad que yo, como Simón Pedro, caiga rostro en tierra en adoración. Como las multitudes que escuchaban a JEB, recuérdame que pregunte: "¿Qué debo hacer entonces?". Prepárame y equípame para cualquier llamado que pongas en mi vida. Hazme dispuesto a dejarlo todo atrás, abandonando la comodidad temporal por la gloriosa vida eterna contigo.

Te entrego mi vida, Señor; en cada momento de mi día, en cada decisión que tome, rindo mi voluntad y mis caminos a tu perfecta voluntad y tu camino.

Yo también te amo. Amén.

DÍA 7

DESCANSA, PONTE AL DÍA O PROFUNDIZA

RETO SEMANAL

En Lucas 4 Jesús respondió al mal uso de la Escritura por parte del enemigo con su uso correcto. De acuerdo con la lista de la "armadura de Dios" en Efesios 6:10-18, cada pieza de la armadura, excepto una, es para defensa. La única pieza de la armadura usada para el ataque es "la espada del Espíritu que es la palabra de Dios". Esta semana toma un tiempo para practicar empuñando tu espada. Haz una lista de al menos cinco versículos que te hayan ayudado en tiempos de tentación (o búscalos si no conoces algunos de memoria). Puedes escribir la lista y pegarla en tu casa o guardarla como una nota en tu teléfono, en cualquier lugar que te dé acceso rápido a ella. Apunta a leer la lista en voz alta al menos una vez al día esta semana.

VERSÍCULO PARA MEMORIZAR

Porque ha mirado la humilde condición de esta su sierva; pues desde ahora en adelante todas las generaciones me tendrán por bienaventurada.
Lucas 1:48

SEMANA 3

Lucas 6-7:

La agenda del reino del Salvador

LECTURA BÍBLICA DIARIA

Día 1: Lucas 6:1-19

Día 2: Lucas 6:20-36

Día 3: Lucas 6:37-49

Día 4: Lucas 7:1-17

Día 5: Lucas 7:18-50

Día 6: Salmos 40

Día 7: Para ponerte al día

Corresponde a los días 282 y 284 de *La sinopsis de la Biblia*

RETO SEMANAL

Ver la página 96 para más información.

DÍA 1

LUCAS 6:1-19

LEE LUCAS 6:1-19

Como lectores alejados de las culturas y prácticas del Israel del primer siglo, nuestra primera sección de la semana podría parecer un poco extraña. Para entender el contexto, necesitamos echar un vistazo rápido al cuarto mandamiento dado a Moisés en la ley.

1. **Lee Deuteronomio 5:12-15.** ¿Qué prohibió Dios en el día de reposo? ¿Por qué?

2. **Repasa Lucas 6:1-5.**

En los aproximadamente 1500 años que transcurrieron entre Moisés y Jesús, los rabinos querían asegurarse de que se honrara la ley, por lo que establecieron límites, o "construyeron cercas", alrededor de las leyes, como discutimos en la semana 2. Mientras que la ley del día de reposo en sí misma era amplia, los líderes religiosos crearon su propia lista muy específica y detallada de lo que estaba prohibido en el día de reposo. Esto se conocía como la ley oral, en contraste con la ley escrita de Dios. Finalmente, estas reglas se trataron como si fueran las leyes de Dios, no las opiniones de los hombres. Según los fariseos en el tiempo de Jesús, recoger y comer un puñado de grano constituía trabajo, lo que les daba motivo para acusar a sus discípulos de quebrantar el día de reposo.

3. Los fariseos enfatizaban excesivamente una estricta adherencia al cuarto mandamiento. ¿Cómo podría esto haber sido un obstáculo para su capacidad de reconocer a Jesús como el Salvador tan esperado?

Cuando los fariseos lo acusaron de pecar, Jesús, quien es el Señor del día de reposo, les dio una respuesta no tan sutil. Estos hombres se enorgullecían de su conocimiento de la Escritura, por lo que fue una afrenta a su sabiduría cuando Jesús les preguntó: "¿Ni siquiera han leído lo que hizo David?". *Por supuesto que lo habían leído.* El ejemplo de Jesús de la vida de David (1 Samuel 21:1-6) demostró cómo "el día de reposo se hizo para el hombre, y no el hombre para el día de reposo" (Marcos 2:27). Aunque Jesús usó la Escritura para demostrar que la necesidad humana prevalece sobre el ritual religioso, los fariseos continuaron aferrándose a sus reglas.

4. Cuando creces en tu conocimiento de la Palabra de Dios, ¿cómo te impacta? ¿Tiende a enorgullecerte? ¿Te humilla y transforma tu corazón? ¿Cuál es la diferencia?

5. **Repasa 6:6-11.** ¿Cómo perdieron los fariseos el verdadero significado del día de reposo? ¿Qué leyes rompieron al intentar demostrar que tenían la razón?

Es importante observar que Jesús no estaba tratando de abolir leyes ni de restarle importancia al día de reposo, sino de aclarar su propósito. Dios le dio a su pueblo el día de reposo como un medio para desarrollarse, pero los líderes religiosos lo habían convertido en limitaciones opresivas. ¡Imagina ser tan duro de corazón que presenciar un milagro endurezca aún más tu corazón!

6. **Repasa 6:12-13.**

Jesús no solo seguía reglas; Él estaba completamente sometido al Padre y dependía del poder del Espíritu. El día antes de un momento crítico en su ministerio, Jesús se fue solo al monte y oró toda la noche hasta el amanecer.

7. **Usando un diccionario bíblico, busca las definiciones de *discípulo* y *apóstol*.** ¿Cómo son similares? ¿En qué son diferentes?

Aunque había muchos que seguían a Jesús, el número de aquellos que estaban comprometidos con la vida diaria con Él era mucho más pequeño.

8. **Repasa 6:14-16.**

9. Elige a un apóstol sobre el que sepas poco y haz una investigación. Escribe lo que encuentres. ¿Qué revela sobre el corazón de Dios el hecho de que Él eligiera a esa persona como apóstol?

Jesús no cometió errores. Cada uno de esos doce hombres fue elegido con un propósito, incluso Judas. Estos fueron los pocos elegidos que transmitieron el mensaje de nuestro Salvador, el cual ha continuado de generación en generación, hasta llegar a nosotros.

10. **Repasa 6:17-19.**

Los últimos versículos en la lectura de hoy ofrecen un vistazo breve a lo que probablemente fue una escena caótica. Jesús, quien guiaba a sus doce mediante el ejemplo, los llevó a lo largo del ministerio, directamente hacia la gran multitud de personas, incluidos los enfermos, los afligidos y los endemoniados.

11. Mira el mapa a continuación. ¿Qué distancia tenían que recorrer las personas para llegar hasta donde estaba ministrando Jesús (cerca de Capernaúm)?

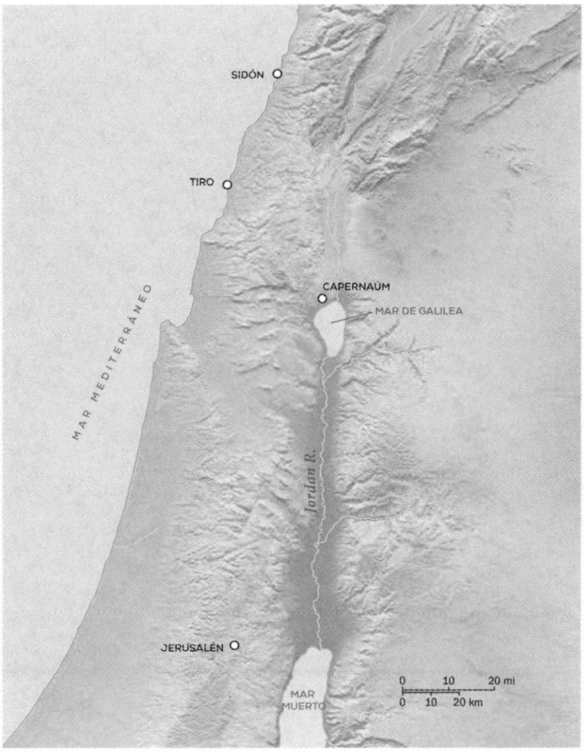

12. ¿Por qué acudían las multitudes a ver a Jesús?

13. ¿Qué te hace a ti acercarte a Jesús?

DÍA 2

LUCAS 6:20-36

LEE LUCAS 6:20-36

Una gran multitud no solo intentaba acercarse a Jesús, sino que también intentaba tocarlo para poder tener acceso a su poder sanador.

1. **Repasa 6:20-23.**

En medio de este tumulto, Jesús levantó la mirada hacia los doce que acababa de elegir y comenzó a enseñar. Si somos sabios, prestaremos atención cuidadosa a las palabras de Jesús, ya que estaba iniciando lo que en esencia podría describirse como una charla TED[3] de tres puntos titulada "La agenda del reino". Algunos estudiosos creen que este fue el mismo mensaje que Mateo relata en el Sermón del Monte (Mateo 5-7). Otros piensan que Jesús utilizó el mismo contenido en otro momento. De cualquier manera, cuando la Escritura repite contenido, vale la pena prestarle más atención.

3. Nota del editor: Las charlas TED son conferencias breves, inspiradoras y que motivan al cambio. TED viene de las siglas en inglés Technology, Entertainment, Design.

2. **Usando una concordancia, escribe la definición de la palabra *bienaventurado* en griego.** ¿Cómo se parece a tu entendimiento de la palabra? ¿En qué es diferente?

El punto número uno en la agenda del reino de Jesús trata sobre posiciones terrenales frente a posiciones del reino. Mientras el pueblo judío *buscaba* un salvador, esperaban uno que les diera salvación temporal en forma de bendiciones políticas o materiales. Lo que Jesús describió debió haberlos tomado completamente por sorpresa, porque no solo hablaba de lo temporal, sino también de lo eterno.

3. Completa la tabla a continuación. **Usa un comentario cuando sea necesario.**

Bienaventurados...	Perspectiva humana de por qué no son bendecidos	Valor espiritual de la circunstancia humana
Pobres	No pueden proveerse y deben buscar su provisión de otros.	
Hambrientos		

Los que lloran		Afligirse por el pecado y sus efectos nos permite valorar el gozo que viene de la presencia del Señor y su perfección.
Aborrecidos / Apartados / Insultados / Desechados		

Esta lista parece al revés, pero nos confronta con la realidad espiritual. Como humanos caídos y quebrantados, nos acercamos al reino en una posición mucho peor que simplemente neutral; nos acercamos con una deuda insuperable. Al asumir el papel de Salvador, Jesús hizo posible que formemos parte de su reino al revés, donde los pecadores endeudados no solo son perdonados, ¡sino también recompensados en el cielo!

4. **Repasa 6:24-26.** Escribe los paralelismos entre 6:20-23 y 6:24-26. ¿Cómo puede la abundancia terrenal ser un obstáculo para el reino de Dios?

Tendemos a pensar en los "ayes" como amenazas, pero lo que se encuentra en el matiz de la palabra griega οὐαί es una exclamación "de tristeza o denuncia".[4] Es casi como si Jesús estuviera diciendo: "Con un corazón pesado, les advierto que si dependen de la bendición humana como su esperanza, esa será la única bendición que experimentarán. Estarán eternamente separados de las verdaderas bendiciones del reino". Jesús no estaba diciendo que sea malo tener abundancia material; estaba advirtiendo que poner tu esperanza e identidad en esa abundancia material conduce al desastre eterno.

4. **Repasa 6:27-31.**

Jesús continuó con el segundo punto en su mensaje: "la agenda del reino". Este punto hace hincapié en el carácter de aquellos que tienen una mentalidad de reino. Puede ser un punto fácil de comprender, pero es prácticamente imposible de obedecer sin el poder del Espíritu Santo.

6. **Usando una concordancia o un diccionario de griego, busca la palabra amor que aparece en 6:27.** Haz un círculo en el tipo de amor del que hablaba Jesús. ¿Por qué crees que Jesús usó esta forma de amor en particular aquí?

Eros: Amor romántico

Storge: Amor familiar / de hermano

Filia: Amor de amistad

Agape: Amor activo / sacrificial

Si preguntáramos: "¿cuál es el carácter del reino?", la respuesta sería el *amor*. Pero Jesús no dejó esa respuesta como algo abstracto o intangible; dio tres ejemplos específicos de cómo vivir el amor ágape en el reino de Dios.

---

4. "G3759—ouai—Strong's Greek Lexicon (KJV)", Blue Letter Bible, consultado en línea el 13 de mayo de 2024, https://www.blueletterbible.org/lexicon/g3759/kjv/tr/0-1.

7. En 6:27-28, ¿cuáles son las tres maneras en que Jesús dijo que debemos llevar a cabo la acción de amar a nuestros enemigos con amor ágape? ¿Por qué cada una de estas es tan difícil?

8. En un esfuerzo por poner en práctica las palabras de Jesús, haz una pausa y ora de manera específica e intencional por la persona por la que menos quieres orar.

Es importante observar que los mandatos de Jesús de orar por quienes te maltratan y poner la otra mejilla no son una aprobación del abuso, ni sugiere que alguien deba permanecer en un lugar donde ocurre el abuso. Jesús estaba describiendo la actitud del corazón y el carácter de una persona enfocada en el reino cuando se encuentra en estas situaciones.

9. De Lucas 6:29-30 escribe un ejemplo moderno para cada uno de estos escenarios específicos culturalmente. **Usa un comentario si es útil.**

La única manera de estar en paz cuando alguien te insulta, te roba o te estafa es tener la mentalidad del reino: confiar en que Dios te defenderá y proveerá exactamente lo que necesitas.

10. **Repasa 6:32-36.**

Jesús usó el método socrático (haciendo preguntas con respuestas obvias) para enfatizar por qué el carácter del reino es vital. En un golpe a nuestro sentido de merecimiento, dijo que no debemos esperar nada a cambio por nuestro buena conducta; pero, en un giro sorprendente, declaró que Dios está preparando una recompensa para quienes viven este amor ágape. ¡El Padre tiene recompensas reservadas para nosotros que superan con creces lo que el mundo puede ofrecer!

11. Completa los espacios en blanco de Lucas 6:35.

Él es ____________ para con los ____________ y ____________.

12. ¿Qué revela esto acerca del corazón de Dios? Describe un momento en el que experimentaste esta bondad personalmente.

13. Escribe 6:36 a continuación.

14. ¿Cómo te capacita y te permite la misericordia del Padre vivir el amor ágape hacia otros, incluso hacia tus enemigos?

DÍA 3

LUCAS 6:37-49

LEE LUCAS 6:37-49

La lectura de ayer terminó con Jesús en medio de su discurso sobre la agenda del reino. Su primer punto trató sobre las posiciones terrenales frente a las posiciones del reino, y su segundo punto reveló que el amor ágape define el carácter de una persona con mentalidad de reino.

1. **Repasa 6:37-38.** ¿Por qué crees que Jesús vinculó el juicio y la generosidad? ¿Qué lecciones se podrían aprender de esta combinación?

Muchas personas citan 6:37 como una excusa para hacer lo que quieran sin rendir cuentas; sin embargo, la Escritura señala una y otra vez el valor del discernimiento, presentándolo como algo vital. Amar a las personas con amor ágape no es lo mismo que ofrecer una aprobación general a todas sus acciones.

2. **Repasa 6:31 y 6:38b y resume las instrucciones.** ¿Qué tan bien vives este tipo de amor ágape? En una escala del 1 al 10, califícate en esta área.

3. Repasa 6:39-42. Completa la tabla a continuación.

Pasaje	Paralelo espiritual	Aplicación del carácter del reino
6:39-40		
6:41-42		

Cuando la Escritura habla de la vista física, casi siempre tiene una capa más profunda de significado que se refiere a la capacidad espiritual de entender la perspectiva del reino. Aquí, Jesús señaló que amar a alguien con amor ágape también es multidimensional: significa caminar en humildad con un juicio cuidadoso y una generosidad intencional. Animó a sus discípulos a usar ojos espirituales al decidir a quién seguir.

También hizo hincapié en la responsabilidad individual de la autorreflexión y el crecimiento personal como medio para amar bien a los demás. Siempre es más fácil ver los pecados de otra persona que los propios, pero Jesús les dijo a sus discípulos que confrontar el pequeño problema de otro mientras se niegan a reconocer su propio problema importante no es coherente con el amor ágape. En lugar de ignorar ambas cosas, se deben abordar.

4. ¿Qué impacto negativo podría resultar de manejar mal estos versículos? ¿Qué impacto positivo podría tener manejarlos bien?

5. **Repasa 6:43-45.**

Antes de pasar a su punto final, Jesús enfatizó que el carácter de una persona siempre sería revelado por lo que saliera de su boca. Jesús le dijo a su audiencia que cada árbol sería conocido por su propio fruto.

6. Cuando piensas en el "fruto" en tu vida, ¿qué te anima? ¿Qué te da convicción?

El tercer punto de Jesús en su mensaje sobre la agenda del reino, aborda la entrada a ese reino.

7. **Repasa 6:46-49.** ¿Cuál es el peligro de querer que Jesús sea nuestro Salvador pero no nuestro Señor?

8. ¿Cuáles fueron los beneficios, desventajas y recompensas del enfoque de cada constructor?

	Beneficios	Desventajas	Recompensas
Constructor n.º 1			
Constructor n.º 2			

Como siempre, Jesús no dio esta analogía en un vacío, sino en el contexto de la agenda del reino. Aunque a veces pueda parecer al revés, la entrada al reino a través de Jesús como Salvador es lo que nos permite vivir con bases firmes, incluso cuando llegan las tormentas. En ningún lugar de la explicación de Jesús sobre la agenda del reino dice que sus ciudadanos serán librados de pruebas, abusos o tormentas; de hecho, nos asegura que las enfrentaremos.

9. ¿Cuáles son algunas maneras prácticas de determinar cuáles son los cimientos de nuestras vidas?

Construir algo requiere nuestro tiempo, energía, emociones y recursos, y revela lo que valoramos. Aunque el mundo pueda ofrecer comodidades rápidas y tesoros medibles, su valor es temporal y se agota rápidamente; sin embargo, los ciudadanos del reino no tienen nada que temer cuando los ríos se desbordan y las aguas de la vida aumentan. Estarán firmemente de pie sobre la base sólida de nuestro Salvador (Jesucristo) experimentando *y* expresando el amor ágape.

DÍA 4

LUCAS 7:1-17

LEE LUCAS 7:1-17

1. **Repasa 7:1-10.**

Con su discurso sobre la agenda del reino terminado, Jesús regresó a casa, a Capernaúm, donde fue recibido con peticiones para que prestara atención. Pero esta petición vino de una fuente inesperada: un centurión romano. Él había enviado ancianos de entre los judíos para hacer esta petición a Jesús.

2. **Haz una búsqueda en internet sobre "centurión romano del primer siglo" y escribe algunas cosas interesantes que encuentres sobre el rol.**

El hombre que buscaba la ayuda de Jesús era un soldado gentil de alto rango, un líder en el ejército que oprimía a Israel. Estaba pidiendo sanidad a Jesús, pero no para sí mismo; su petición era para su siervo. Los amos romanos tenían todo el derecho (y, en general, se esperaba) de matar a un siervo que enfermara y ya no pudiera servir. El deseo del centurión de buscar ayuda para su siervo, y de buscar esa ayuda *en Jesús,* revela que algo más grande estaba ocurriendo en su corazón. Sus acciones mostraban tanto su compasión como una humilde disposición a romper con las normas sociales.

3. Completa los espacios en blanco en los versículos a continuación:

7:4 - "El centurión es _______ de que le concedas esto...".

7:6 - "Señor, no te molestes más, porque ___ ____ ______ de que Tú entres bajo mi techo".

Los ancianos sirvieron efectivamente como referencias profesionales para el centurión, alabándolo por demostrar amor hacia Israel y su Dios. Lo elogiaron como digno, pero solo momentos después, el centurión rechazó su propia supuesta dignidad proclamando en su lugar el valor de Jesús.

4. **Consulta 7:6 en una concordancia o léxico.** ¿Cuál es la definición de la palabra *Señor* en este contexto? ¿Qué dice esto sobre la visión que el hombre tenía de Jesús en el contexto de su petición?

5. **Lee Mateo 28:18.** ¿Qué autoridad tiene Jesús?

6. **Lee Juan 5:30.** ¿Bajo qué autoridad está Jesús?

Lucas nos dice que Jesús no solo sanó al siervo, sino que se maravilló de la comprensión que este centurión romano tenía sobre el reino. Mientras que el pueblo elegido de Dios debería haber tenido fe y expectativa en el Salvador venidero, fue este gentil sin nombre, una herramienta de la opresión romana, quien tuvo más fe que los judíos. Aunque esta declaración casi seguramente causaría indignación entre la audiencia judía de Jesús, sirve como confirmación adicional de que Él vino a ser el Salvador de *todos*.

7. **Repasa 7:11-17.** ¿A qué distancia estaba el viaje de Capernaúm a Naín a pie? Haz una búsqueda en internet para obtener ayuda.

Jesús y sus seguidores hicieron su arduo viaje cuesta arriba hacia el suroeste hasta la ciudad de Naín, y antes de que pudiera entrar por la puerta de la ciudad, Él se encontró con una oportunidad de ministerio. Estaba teniendo lugar una procesión funeraria, y los dolientes llevaban a un hombre a su lugar de descanso final.

8. ¿Qué revela 7:12 sobre el fallecido? Dada esta información, ¿qué podría haberle deparado el futuro a su madre? **Usa un comentario para obtener ayuda.**

Cuando Lucas se refirió a Jesús como Señor en 7:13 utilizó la forma absoluta de la palabra, enfatizando su deidad[5] y autoridad sobre la situación. El Salvador vio a esta mujer, que tenía un camino miserable por delante, y tuvo compasión de ella. Si Él no pudiera cambiar la situación de esta mujer, entonces decirle que no llorara habría sido cruel. Pero Jesús sabía lo que iba a suceder.

---

5. C. Marvin Pate, *Luke: Moody Gospel Commentary* (Chicago, Illinois: Moody Publishers, 1995), citado en D. Guzik, "Study Guide for Luke 7", Blue Letter Bible, https://www.blueletterbible.org/comm/guzik_david/study-guide/luke/luke-7.cfm

9. Así como Jesús vio a la mujer que lloraba, el Señor nos ve a nosotros. Describe una ocasión en la que te consoló saber que el Salvador te vio en tu dolor.

Jesús se acercó al hombre muerto, tocó el ataúd abierto y le habló directamente como si estuviera vivo. Su contacto con el muerto normalmente lo habría hecho ceremonialmente impuro según la ley levítica, pero la muerte no se transmitía, ¡la *vida* sí! El Dr. Lucas no perdió la oportunidad de enfatizar por última vez que el hombre había estado muerto antes de decirnos que se sentó y comenzó a hablar. Cuando Jesús se lo devolvió a su madre, que ya no lloraba, la gente glorificó a Dios.

10. Según 7:16-17, ¿cuáles fueron las cinco cosas que ocurrieron como resultado de este milagro?

1.

2.

3.

4.

5.

Durante su ministerio, Jesús no resucitó a todas las personas muertas que encontró, por lo que esperar esto cada vez sería insensato; sin embargo, lo que sí podemos esperar es que, como Jesús es el Salvador, todos los que creen en Él experimentarán algo todavía mayor: ¡una resurrección espiritual hacia un reino eterno en su presencia!

DÍA 5

LUCAS 7:18-50

LEE LUCAS 7:18-50

Así como Jesús tenía discípulos que aprendían de Él, su primo JEB también los tenía. No mucho antes de esto, Herodes encarceló a JEB por algunas "ofensas", incluyendo predicar el evangelio (3:18-20) y afirmar valientemente que Herodes no debía haberse casado con Herodías porque ella ya estaba casada con su hermano (Mateo 14:3-4).

1. **Repasa 7:18-23.**

Desde su celda en prisión, JEB envió a sus discípulos para hacerle una pregunta importante a Jesús.

2. ¿Por qué crees que JEB envió a sus discípulos a hacer esta pregunta? ¿Qué fue lo que presenciaron cuando llegaron?

JEB no parecía dudar de que Jesús era el Salvador prometido, pero frente a la muerte inminente, parecía querer la afirmación de que había algo más allá de lo que estaba soportando. Jesús no respondió solo con un sí; dio ejemplos de su ministerio como prueba. Luego les dijo que le contaran a JEB lo que estaba sucediendo física, espiritual y proféticamente.

3. Empareja el milagro con las profecías del Antiguo Testamento acerca del Salvador (algunos versículos se usarán más de una vez).

Evento	Escritura
Los ciegos reciben vista	Isaías 35:5
Los cojos andan	Isaías 35:6
Los sordos oyen	Isaías 26:19
Los muertos son resucitados	Isaías 61:1
A los pobres se les anuncia el evangelio	

Jesús terminó su respuesta a JEB agregando: "Bienaventurado es el que no se escandaliza de Mí" (v. 23). Algunos estudiosos creen que esta fue la manera de Jesús de enviarle un mensaje a JEB de que no sería liberado de la prisión. De hecho, la segunda mitad de Isaías 61:1 hace referencia a la libertad para los cautivos y profetiza sobre las celdas de la prisión abiertas, pero Jesús no incluyó esa parte en su respuesta. Y JEB ciertamente habría notado su ausencia en la conocida profecía del Mesías. Aunque Jesús *era* el

Salvador tan esperado, la libertad de JEB de su celda de prisión no formaba parte del plan.

Al igual que se habían reunido para escuchar a Jesús, las mismas multitudes se habían reunido para escuchar a JEB. Como hemos visto, JEB fue un precursor profético de Jesús, profetizado por Malaquías (3:1). Pero Jesús dice que él era más que un profeta. ¡Fue el único profeta en la Escritura que llegó a ver al Salvador cara a cara!

4. **Repasa 7:24-30.** Usando tu comentario bíblico favorito, describe lo que quiso decir Jesús con que JEB fue el mayor, pero a la vez el menor en el reino.

En el día 3 de la semana 1 vimos Lucas 1:59 y hablamos sobre los pactos. Y aquí, en este pasaje sobre JEB, Jesús trazó una línea clara entre el antiguo y el nuevo pacto. Mientras que JEB fue el más grande en cuanto al reino terrenal, ¡su estatus terrenal palidece en comparación con las bendiciones de la vida en el reino bajo el nuevo pacto! (1 Corintios 11:25, 2 Corintios 3:6, Hebreos 8:6-13).

El bautismo de JEB fue de arrepentimiento. Aquellos que reconocieron su necesidad espiritual y fueron bautizados tenían muchas más probabilidades de comprender este concepto de Jesús. Pero aquellos que rechazaron su necesidad de arrepentirse tuvieron mucha más dificultad para reconocer su pobreza espiritual.

5. ¿Cómo previene el arrepentimiento personal que un corazón se vuelva duro y crítico hacia los demás? ¿Es el arrepentimiento parte de tu ritmo regular como seguidor de Cristo? ¿Por qué sí o por qué no?

6. **Repasa 7:31-35.**

Jesús explicó una dura realidad. Si el corazón de alguien está inclinado hacia la crítica, encontrará algo que criticar sin considerar la verdad. Un espíritu crítico es evidencia de un corazón no arrepentido.

7. **Repasa 7:36-40.**

Sabemos que muchos de los fariseos rechazaron a Jesús abiertamente, pero aquí vemos que algunos parecían genuinamente interesados en su mensaje, como Simón. Aunque no se nos dice la motivación de Simón para invitar a Jesús a una cena, sabemos que Jesús pocas veces dedicaba su tiempo a enseñar a los de corazón endurecido.

8. **Usando tu comentario favorito, describe algunas de las cosas asombrosas sobre la serie de eventos en Lucas 7:37-38.** ¿Qué debe haber reconocido la mujer sobre Jesús?

9. Usando la tabla siguiente, imagina lo que Simón podría haber estado pensando en Lucas 7:39-40.

Sobre sí mismo	Sobre la mujer	Sobre Jesús

10. **Repasa 7:41-50.** ¿Cuál es la perspectiva del reino detrás del ejemplo práctico que dio Jesús en 7:41-43? ¿De qué manera es relevante para tu vida?

Jesús tenía en mente la perspectiva del reino cuando le preguntó a Simón: "¿Ves esta mujer?". Parece que Jesús quería que Simón no solo viera a la mujer que estaba allí, sino también lo que sus acciones decían sobre su corazón. La palabra que usó aquí tiene la implicación de observar, discernir, percibir. Parece que no quería que Simón solo la *mirara*, sino que la *viera* realmente.

Esta mujer reconoció su pobreza espiritual y adoró al único que podía hacer algo al respecto. Debido a esto, sus pecados fueron perdonados. Jesús una vez más mostró su divinidad y le dio a la mujer una nueva identidad. De igual manera, cuando reconocemos nuestra pobreza espiritual y acudimos a Jesús en arrepentimiento y adoración, también se nos concede el perdón de nuestros pecados. Y, como esta mujer, podemos ir en paz, sabiendo que Él está donde hay el gozo.

11. ¿Qué fue lo que más te impactó del estudio de esta semana? ¿Por qué?

12. ¿Qué aprendiste o recordaste sobre Dios y su carácter esta semana?

DÍA 6

SALMO CORRESPONDIENTE Y ORACIÓN

LEE SALMOS 40

1. ¿Qué correlación ves entre Salmos 40 y el estudio de esta semana sobre Jesús como Salvador?

2. ¿Qué porciones de este salmo captan más tu atención?

3. Termina haciendo esta oración en voz alta:

Padre,

Tú afirmas mis pasos, y pones una canción de alabanza en mi boca. Incluso si gastara cada palabra que me queda proclamando tus maravillosas obras, no podría nombrarlas todas. ¡Me regocijo en tu bondad!

Y debido a tu bondad y misericordia, no solo reconozco mi pecado; estoy de acuerdo contigo al respecto. Hay una viga en mi ojo que tengo que eliminar.

He sido rápido en ser crítico. He etiquetado a los portadores de tu imagen como mis enemigos, y los he odiado. He sido despectivo con mi propio pecado mientras juzgo duramente a mis hermanos y hermanas por el suyo. He ignorado el día de reposo, que tú diste como un regalo para desarrollarnos, porque no confío en que tú proveas. He puesto mi identidad en mi riqueza o en la falta de la misma porque elegí olvidar lo que tú has hecho por mí y que prometes proveer siempre.

Ayúdame a no olvidar lo que has hecho. Ya sea que enfrente ejércitos enemigos en batalla, como David, o frente a críticos juzgadores, como los apóstoles, ayúdame. Como lo has hecho antes, te pido que lo hagas de nuevo.

Te rindo mi vida, Señor; en cada momento de mi día y en cada decisión que tomo, cedo mi voluntad y mi camino a tu perfecta voluntad y camino.

Yo también te amo. Amén.

DÍA 7

DESCANSA, PONTE AL DÍA O PROFUNDIZA

RETO SEMANAL

El desafío de esta semana proviene de nuestro estudio del día 5. Martín Lutero dijo: "Cuando nuestro Señor y Maestro Jesucristo dijo: 'Arrepentíos, etc.', quiso decir que toda la vida de los creyentes sea una vida de arrepentimiento".[6]* La confesión y el arrepentimiento a menudo están relacionados. No son simplemente los actos de reconocer nuestro pecado. La confesión es estar de acuerdo con Dios acerca de nuestro pecado, y el arrepentimiento es apartarnos de nuestro pecado.

Los autores del Nuevo Testamento escriben mucho sobre ambos temas; sin embargo, estas prácticas rara vez se muestran en las vidas de muchos cristianos hoy en día. La Escritura nos llama a confesar nuestros pecados a Dios (1 Juan 1:9) y también a los demás (Santiago 5:16). Y el mensaje consistente de Jesús durante su ministerio fue no solo confesar, sino también arrepentirse: estar de acuerdo y apartarse.

Cada día de esta semana practica las disciplinas de confesión y arrepentimiento, incluso si el pecado es algo tan aparentemente "pequeño" como tu actitud en el tráfico, tu envidia sobre las posesiones de alguien más, o tu chisme juguetón a espaldas de un amigo. Pon un recordatorio diario para confesar, o mejor aún, hazlo en el momento. Elige a otro cristiano para confesarle tu pecado cada día, pídele que ore por ti para que

6. Martín Lutero, *Las Noventa y Cinco Tesis y Otros Escritos*, trad. y ed. William R. Russell (Nueva York: Penguin Books, 2017), p. 3.

te apartes del pecado, y luego acércate a las hermosas promesas que Dios te ofrece en relación con tu obediencia: "Confiésense sus pecados unos a otros, y oren unos por otros para que sean sanados" (Santiago 5:16). "Si confesamos nuestros pecados, Él es fiel y justo para perdonarnos los pecados y para limpiarnos de toda maldad" (1 Juan 1:9).

VERSÍCULO PARA MEMORIZAR

Porque grandes cosas me ha hecho el Poderoso; y santo es su nombre.

Lucas 1:49

SEMANA 4

Lucas 8-9:

Las motivaciones son importantes para el Salvador

LECTURA BÍBLICA DIARIA

Día 1: Lucas 8:1-25

Día 2: Lucas 8:26-56

Día 3: Lucas 9:1-17

Día 4: Lucas 9:18-36

Día 5: Lucas 9:37-62

Día 6: Salmos 127

Día 7: Para ponerte al día

Corresponde a los días 287 y 290 de *La sinopsis de la Biblia*

RETO SEMANAL

Ver la página 123 para más información.

DÍA 1

LUCAS 8:1-25

LEE LUCAS 8:1-25

Hoy abrimos con Jesús y sus seguidores de nuevo en marcha.

1. **Repasa 8:1-3.**

Los primeros dos versículos en esta sección podrían ser fáciles de pasar por alto, pero Lucas identificó que algunas de las personas en la caravana de Jesús eran mujeres. En el Israel antiguo, esto probablemente habría sido inaudito. El hecho de que esas mujeres fueran reconocidas y que algunas de ellas también fueran *mencionadas por nombre* es digno de destacar. María y Juana venían de contextos muy diferentes. Juana, del hogar de Herodes, probablemente tenía dinero y estatus; mientras que María era una antigua paria social que había tenido siete demonios antes de que Jesús los expulsara.

2. Según lo que sabes sobre la cultura del antiguo Cercano Oriente (o haz una búsqueda en internet para obtener ayuda), ¿por qué es significativo que Jesús incluyera (y Lucas mencionara) a las mujeres que viajaban con Él? ¿Qué revela esto sobre el corazón de Dios?

El ministerio de Jesús demuestra que Él valora a las personas de todos los tipos, sin importar su origen, riqueza, heridas o posición en la sociedad. Tal vez esa sea una razón por la cual tantas multitudes se sintieron atraídas a Él. Frente a una de estas multitudes, Jesús enseñó una parábola sobre semillas y los diferentes tipos de suelo con los que una semilla podría encontrarse.

3. **Repasa 8:4-15.**

En esta sociedad agrícola, Él habría hablado en un lenguaje familiar para la mayoría, pero el punto de su lección no estaba claro. Los discípulos lo llevaron aparte y le pidieron que lo explicara. A veces puede parecer que las enseñanzas de Jesús son difíciles de comprender, ¡pero incluso sus discípulos más cercanos a menudo tenían que pedir aclaraciones! Jesús les dijo a sus discípulos que esto era intencional. Solo "los que tengan oídos" escucharían el mensaje. Él ocultó el punto principal de su mensaje para demostrar la singularidad de aquellos que buscan más. Hizo que la parábola fuera lo suficientemente difícil como para exponer la dureza de corazón de la multitud.

Por otro lado, los discípulos demostraron que entendían quién era Jesús, y eran lo suficientemente decididos, pero humildes, como para hacer preguntas cuando no entendían. Jesús los recompensó por su actitud y les explicó la parábola.

4. ¿Cuándo fue la última vez que no entendiste algo en la Escritura? ¿Buscaste entenderlo? ¿Qué revela esto sobre cómo ves a Dios?

En esta parábola de los cuatro suelos solo uno da fruto, pero da *al ciento por uno*. Para aquellos que tienen oídos para oír, Jesús ofreció esta increíble visión de posibilidad. Cuando damos fruto, podemos nutrir a otros para las generaciones venideras.

5. **Repasa 8:16-18.**

Parece que Jesús hizo un giro abrupto cuando pasó de hablar sobre semillas y suelos a lámparas y frascos, pero estaba transmitiendo el mismo concepto.

6. **Lee Mateo 5:16.** En tus propias palabras, resume la declaración de Jesús sobre la luz y las buenas obras.

Jesús a menudo usa juntos la luz y las buenas obras, o el fruto. Así como el fuego y la luz se apoderan de todo lo que tocan, y el fruto contiene semillas para producir más fruto, Jesús reiteró este principio de multiplicación: aquellos que buscan a Dios acumularán más de quién es Dios. Y, por otro lado, aquellos que cierran los oídos experimentarán una pérdida multiplicada.

7. Completa los vacíos en la advertencia de Jesús en 8:18:

"_____________ _______________ de cómo __________".

8. ¿Qué tienes que escuchar con más atención en su Palabra hoy?

9. **Repasa 8:19-21.**

La multitud que rodeaba a Jesús impidió que su madre y sus hermanos pudieran llegar a Él fácilmente. Él aprovechó la oportunidad para establecer un punto: no para restarle valor a la familia biológica, sino para elevar a todos los que forman parte de la familia de Dios. Jesús elevó el vínculo eterno en un momento en que la familia nuclear era a menudo considerada la parte más importante de la identidad de una persona.

10. A menudo encontramos nuestra identidad en nuestras relaciones. ¿Qué identidades secundarias te distraen de recordar tu identidad primaria como hijo amado de Dios?

11. **Repasa 8:22-25.**

Los discípulos eran parte de los que Jesús había llamado a estar en la familia eterna de Dios, pero aún tenían mucho que aprender sobre este Hombre-Salvador. Él les pidió que lo siguieran a una barca para cruzar al otro lado del Mar de Galilea. El "otro lado" era el lado pagano, y el mar entre los dos lados era conocido por desatar tormentas sin previo aviso. Dos escenarios peligrosos, sin embargo, Jesús llamó a sus discípulos directamente a ellos.

12. ¿Qué escenarios aterradores enfrentas hoy? Escribe una breve oración pidiendo a Dios que calme tu corazón en ese espacio.

DÍA 2

LUCAS 8:26-56

LEE LUCAS 8:26-56

1. En el mapa siguiente, rodea con un círculo Capernaúm, el hogar base de Jesús, y Gadara (también conocido como gadarenos).

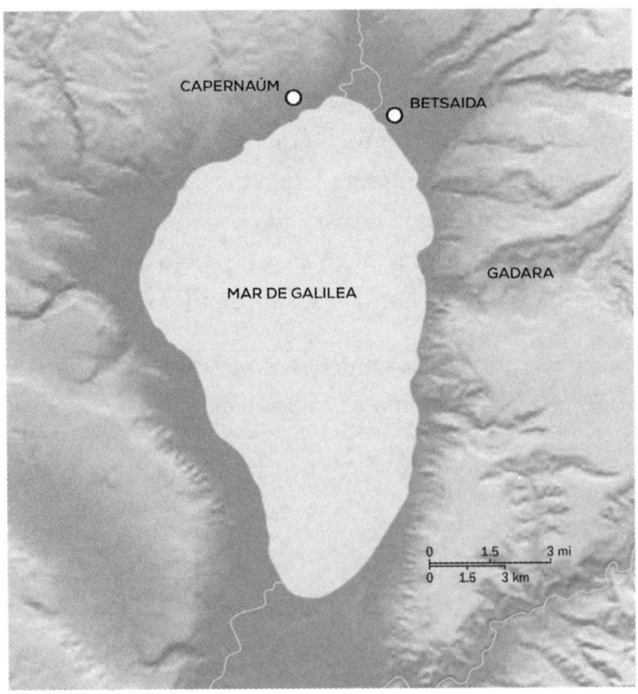

2. La mitad occidental del mar de Galilea era considerada la parte judía; la mitad oriental era considerada la parte gentil (no judía). ¿Qué grupo de personas vivía en Gadara/tierra de los gadarenos?

3. **Repasa 8:26-39.**

Cuando Jesús y sus discípulos llegaron a la orilla en el lado gentil del mar de Galilea, encontraron a un hombre poseído por demonios; estaba tan abrumado por ellos que se veía obligado a vivir desnudo en un cementerio. Jesús y sus discípulos se adentraban aún más en los lugares aterradores que toda su vida habían evitado. Se enfrentaban a un enemigo poderoso, cuyo nombre (Legión) sugería que los discípulos estaban en inferioridad numérica. Sin embargo, cuando el Salvador se acercó al hombre poseído, sus atormentadores fueron puestos bajo juicio.

4. ¿Qué título le dieron los demonios a Jesús en 8:28?

Al ver a Jesús, el hombre lleno de demonios cayó al suelo y los demonios lo reconocieron como el "Hijo del Dios Altísimo". Aunque sus discípulos aún no habían comprendido su verdadera identidad, los demonios lo conocieron de inmediato, y sabían que su lugar era arrodillarse ante Él y suplicarle misericordia. Cuando Él los echó fuera del hombre, accedió a enviarlos a una piara de cerdos, y los cerdos inmediatamente se arrojaron al borde de un acantilado y al mar.

El hombre que antes estaba poseído por demonios se sentó a los pies de Jesús, vestido y en su juicio cabal. Mientras tanto, los criadores de cerdos debieron haber experimentado una variedad de emociones: asombro por el milagro, miedo por el poder de Jesús, y enojo por perder su fuente de ingresos. Su miedo tomó protagonismo, y le pidieron a Jesús que se fuera.

La única persona cuyo corazón fue transformado y que anhelaba seguir a Jesús fue el hombre a quien Jesús le mostró gracia. Le pidió seguir a Jesús como los demás discípulos; en cambio, Jesús le dio un nuevo llamado: lo comisionó para ser su portavoz entre los gadarenos, y el hombre salió a contar a otros lo que Jesús había hecho por él.

5. ¿Cuándo fue la última vez que compartiste la historia de la gracia de Dios con alguien nuevo? ¿Cómo te hizo sentir?

6. **Repasa 8:40-56.**

Al regresar a Capernaúm, Jesús fue abordado por un gobernante llamado Jairo, cuya hija estaba enferma. Mientras Jesús iba de camino a sanarla, fue interrumpido por una mujer que había estado sangrando por doce años. ¡Ella lo tocó y fue sanada! Jesús podría haber continuado su camino, pero se detuvo para reconocer a la mujer y alabarla por su fe.

Aunque podrías pensar que Dios está preocupado por cosas más importantes que tus circunstancias, Él siempre está atento a tus necesidades. Mientras la mujer experimentaba esa verdad posiblemente por primera vez en su vida, Jairo pudo haber comenzado a cuestionarla. En los breves momentos que Jesús tardó en sanar a la mujer que sangraba, el hombre recibió la noticia de que su hija enferma había fallecido.

La familia ya había admitido la derrota y estaba llorando su muerte cuando Jesús se acercó a la casa, pero Jesús, que no estaba no sujeto al mundo natural, la resucitó. Antes de irse, le encargó a la familia que no contaran a nadie lo que había sucedido.

7. ¿Por qué fueron diferentes las instrucciones que Jesús dio al hombre poseído por demonios (8:39) en comparación con su respuesta a los padres de la niña sanada (8:56)? **Usa un comentario o Biblia de estudio para obtener ayuda.**

Es difícil exagerar la división entre judíos y gentiles en el Israel del primer siglo. El hecho de que Jesús viajara al territorio gentil para revelarse a sí mismo como el Salvador-Dios (los gentiles no estaban buscando un Mesías) demostró que Él era el Salvador para todos los pueblos. Y para que su mensaje siguiera extendiéndose entre los gentiles mientras Él vivía principalmente entre los judíos, comisionó a los gentiles con el mensaje.

Sin embargo entre los judíos, los fariseos y saduceos lo veían como una amenaza para su poder y autoridad. Sus expectativas erróneas acerca de un salvador político y revolucionario podían hacer que el ministerio de Jesús fuera mucho más difícil; por lo tanto, para continuar con su misión de difundir la noticia del evangelio, Jesús necesitaba que el mensaje viajara con un volumen más bajo. Su tiempo y su plan se llevaron a cabo con precisión.

DÍA 3

LUCAS 9:1-17

LEE LUCAS 9:1-17

1. **Repasa 9:1-6 y completa la tabla a continuación.**

	Lo que Jesús hizo	Lo que Jesús dio	Lo que Jesús empoderó a los discípulos para hacer
9:1			
9:2			

No puedes dar lo que no tienes. Si Jesús no hubiera tenido poder y autoridad, no habría podido darle lo mismo a ellos. ¡Dios sigue en la tarea de equipar a aquellos a quienes llama! ¡Lo que Él inicia, Él lo sostendrá y lo cumplirá!

2. ¿Cuáles fueron las cinco cosas específicas que les dijo que no empacaran para su viaje?

Mientras los enviaba, les estaba enseñando a confiar en Él en los ámbitos espirituales y los naturales. Lo que ellos estaban dando al mundo, también lo estaban aprendiendo para sí mismos. Si no confiaban en Dios, ¿cómo podrían decirles a otros que confiaran en Él?

3. ¿En qué áreas de la vida te cuesta más confiar en que Dios proveerá?

Jesús sabía que algunos escucharían la verdad y no creerían, así que dio instrucciones para cuando eso sucediera: ¡Debían irse y ni siquiera llevarse el polvo con ellos! Es importante notar que Dios no prometió que la obediencia llevaría al resultado deseado. El éxito se medía por su fidelidad a Jesús, no por las respuestas de los demás.

4. Describe una ocasión en la que fuiste obediente a Dios y no condujo al resultado que deseabas. ¿Cómo se fortaleció tu fe a través de esa experiencia?

5. **Repasa 9:7-9.**

Mientras cumplían con su llamado por toda la región, la noticia llegó a Herodes: el gobernador local que decapitó a JEB. Imagina su confusión cuando algunos comenzaron a decir que el líder de estos apóstoles era el resucitado JEB. Otros locales afirmaron que Jesús era un profeta resucitado, quizá incluso Elías. Herodes quería llegar al fondo del misterio, así que esperaba encontrarse cara a cara con Jesús.

6. **Repasa 9:10-17.**

Los apóstoles regresaron a Capernaúm, y Jesús los llevó en barca al cercano pueblo de Betsaida, en la punta norte del Mar de Galilea. El Evangelio de Marcos dice que los llevaba a un pequeño retiro para bendecirlos después de su arduo trabajo (Marcos 6:30-33), pero las multitudes siguieron a Jesús hasta allí.

7. ¿Qué piensas tú? ¿Jesús planeaba un retiro que fue interrumpido por la multitud? ¿O era parte del plan de Jesús ministrar a la gente mientras estaban allí?

Sin pausa, Él continuó predicando el reino y sanando a los enfermos, trabajando nuevamente en los ámbitos espiritual y natural. Hacia el final del día, los discípulos querían despedir a las multitudes, pero Jesús vio una posibilidad en la que ellos no tenían ojos para ver. Él se inclinó hacia la necesidad e invitó a los apóstoles al proceso, multiplicando cinco panes y dos peces para alimentar a unas quince mil personas estimadas (¡cinco mil hombres, más mujeres y niños)!

8. ¿Cuándo fue la última vez que Dios hizo algo que excedió tus capacidades, tal vez algo que ni siquiera se te ocurrió pedir porque parecía tan imposible?

Después de alimentar a las multitudes, los apóstoles recogieron doce canastas de sobras: una para cada apóstol. Aunque al principio dudaron en participar, aquel "sí" a Jesús resultó en una bendición multiplicada para todos los involucrados. Su servicio no solo fue una bendición para otros, ¡sino también para ellos!

9. **Usando un diccionario bíblico o comentario, busca el simbolismo del número doce y escribe lo que encuentres.**

Dentro de las comunidades judías, incluyendo donde ocurrió este milagro, el número doce tenía gran significado. Representaba la completitud, y era el número de las tribus de Israel. En los primeros días de su ministerio, Jesús y sus apóstoles, que probablemente eran de solo unas pocas de las doce tribus, enviaron este mensaje milagroso y simbólico de que su provisión era para todas las tribus de Israel. Jesús usó a los pocos para bendecir a los muchos. Usó lo poco para bendecir al todo. Aunque puedas sentir que tu llamado es pequeño o insignificante, ¡cuando tu "sí" se encuentra con el "sí" de Dios, no hay límite para lo que Dios puede hacer a través de ti y para ti!

DÍA 4

LUCAS 9:18-36

LEE LUCAS 9:18-36

1. **Repasa 9:18-20.**

En la lectura de hoy, Jesús preparó a los discípulos para una revelación importante de una de sus maneras favoritas: haciendo una pregunta. Les preguntó quiénes pensaban que era Él. El consenso general fue que era JEB o Elías: hombres respetados que se enfrentaron a los gobernantes de su tiempo. Esas respuestas indican que quizás la multitud esperaba que Jesús fuera un mesías político que acabaría con la opresión de Roma. Jesús no hizo esta pregunta porque fuera ignorante o no supiera la respuesta; la usó para plantear una pregunta de seguimiento más importante: ¿quién pensaban los discípulos que era Él? Pedro, siempre ansioso por estar en el centro de la acción, respondió por el grupo.

2. ¿Cómo describió Pedro a Jesús en 9:20? ¿Cómo respondió Jesús?

Ellos entendieron que Él era más que solo un profeta; Él era el redentor de Israel, el Mesías prometido.

3. **Repasa 9:21-22.**

Después de establecer su identidad entre sus discípulos, Jesús les reveló sus planes. Esta es la primera vez en el Evangelio de Lucas que Jesús anuncia su muerte. Esto habría sido un golpe muy fuerte para sus esperanzas y expectativas sobre el Mesías, no solo Él no derrocaría a las autoridades del gobierno, sino que sería rechazado por los ancianos y los sumos sacerdotes y, finalmente, moriría. Sin embargo, la historia tuvo otro giro, uno que no entenderían por mucho tiempo, pero que los llevaría a una esperanza inextinguible: ¡Él sería resucitado de entre los muertos al tercer día!

4. **Lee 1 Pedro 1:20 y Apocalipsis 13:8.** ¿Cómo te dan estos versículos confianza en la vida y muerte de Jesús?

La muerte de Jesús no fue un accidente ni un plan alternativo; ha sido *el* plan desde antes de la creación del tiempo mismo. Mientras que esto parecía una mala noticia para los apóstoles, fue el medio por el cual Dios estaba llevando a cabo su plan ordenado.

5. **Repasa 9:23-27.** A menudo, cuando Jesús se refería a su próxima muerte sacrificial, seguía esas declaraciones con una enseñanza para los discípulos.

¿Qué piensas? ¿Por qué Jesús daría una enseñanza sobre este tema después de referirse a su muerte y resurrección?

Jesús llevó a los discípulos en una montaña rusa de emociones. Primero, reveló que moriría, pero luego reveló que resucitaría. ¿Significaba eso que la vida en el reino del Jesús resucitado sería fácil y placentera? No. Aunque su reino no terminaría con su muerte, las vidas de aquellos en su reino no serían fáciles.

6. Relaciona las instrucciones de Jesús para sus seguidores con su significado correspondiente:

"Negarse a sí mismo"	Estar dispuesto a enfrentar el rechazo y posiblemente la muerte.
"Tomar su cruz"	Predicar el evangelio; adherirse a sus enseñanzas.
"Sígueme"	Renunciar al control personal de tu propia vida.

Estos son llamados increíblemente desafiantes asociados con la pérdida y el dolor, pero en el contexto de la eternidad, incluso lo que Él "toma" es un dar (9:24).

7. Usando tu comentario bíblico favorito, investiga el significado de las palabras de Jesús en 9:27.

8. **Repasa 9:28-36.**

Una semana después, Jesús subió a un monte con tres de sus discípulos, donde presenciaron la respuesta clara a la pregunta anterior. Estos discípulos elegidos (Pedro, Jacobo y Juan) tuvieron el privilegio único de ver la transfiguración de Jesús. Su rostro y su ropa cambiaron mientras Moisés y Elías aparecían, representando la ley y los profetas del Antiguo Testamento. Su presencia junto a Jesús demostró dos cosas. Primero, la teoría de que Él pudiera ser Elías no podía ser cierta, ya que ambos estaban presentes al mismo tiempo. Segundo, Jesús es el cumplimiento de la ley y las profecías que el Antiguo Testamento había señalado. Como si eso no fuera prueba suficiente, la voz de Dios el Padre surgió de una nube, afirmando la identidad de Jesús como su Hijo amado.

9. ¿Cuál fue el mandato del Padre después de identificar a Jesús? ¿Por qué crees que incluyó estas palabras?

Elías y Moisés fueron grandes hombres que tuvieron funciones clave en el Antiguo Testamento, pero Jesús es la culminación del plan establecido antes del comienzo del tiempo. Él es de quien hablaron. Y Él es a quien debemos inclinar nuestras vidas para seguir.

DÍA 5

LUCAS 9:37-62

LEE LUCAS 9:37-62

No mucho después de que Pedro, Jacobo y Juan fueran testigos de la transfiguración de Jesús, los discípulos se encontraron con varios escenarios en los que parecían malinterpretar el papel que desempeñaban en el reino. A medida que Jesús revelaba más sobre su identidad, los discípulos pudieron haber sentido una sensación de superioridad, y parece que incluso se clasificaban a sí mismos.

1. **Repasa 9:37-43a.**

En este pasaje conocimos a un padre que estaba desesperado por ayudar a su hijo poseído por un demonio. Algunos de los discípulos ya habían intentado y fracasado en echar fuera a ese demonio.

2. ¿Por qué fracasaron? **Busca en el relato de Mateo sobre esta historia (Mateo 17:14-20) para obtener ayuda.**

A pesar de su celo, los discípulos no siempre tuvieron éxito en realizar milagros. A veces, su incapacidad estaba relacionada con la falta de fe, oración o ayuno. Estas disciplinas espirituales no nos hacen *más dignos* de realizar milagros; sin embargo, sirven como recordatorios de que no actuamos en nuestro propio poder. Cualquier fuerza que podamos demostrar es el resultado de su presencia en nosotros. Jesús, por otro lado, echó fuera inmediatamente al demonio.

3. **Repasa 9:43b-45.**

Antes de que la multitud pudiera levantar la barbilla del suelo, Jesús llevó a los discípulos por otro giro en la montaña rusa. En medio de este hermoso milagro, mencionó su muerte por segunda vez. Habló de la verdad de manera clara, pero los discípulos aún no comprendían completamente; de hecho, la Escritura dice que su significado fue "velado" (*parakalyptō*) para ellos. Esta es la única vez que esta palabra griega aparece en la Escritura.

4. ¿Qué piensas? ¿Cómo y por qué podría haber sido "velado" para ellos? ¿Por qué podría haber sido una parte importante de su experiencia como discípulos?

5. **Repasa 9:46-48.**

Al no entender el punto, no es ninguna sorpresa que se involucraran en una discusión sobre cuál de ellos era el mayor. Dado que Jesús era el Mesías, es probable que se sintieran con derecho a posiciones de estatus en su reino, pero Él los corrigió usando una ilustración inesperada para reorientar su perspectiva.

6. ¿Cómo eran vistos o tratados los niños pequeños en el antiguo Israel?

Mientras que los ancianos eran estimados en el antiguo Cercano Oriente, los niños eran despreciados, no tenían estatus social, y no estaban al tanto de las riquezas o el poder. Los discípulos luchaban por ser elogiados y ganar reconocimiento, pero Jesús los desafió a perseguir la humildad y un espíritu de hospitalidad.

7. Echa una mirada sincera a los espacios y las personas que encuentras regularmente. ¿Dónde en tu vida podrías estar buscando reconocimiento o posición? ¿Cómo puedes convertir eso en una oportunidad para estar más enfocado en los demás?

8. **Repasa 9:49-50.**

Tras la falta de éxito de los discípulos al expulsar demonios, es posible que Juan estuviera cargado de frustración. Y como la inseguridad a menudo se manifiesta como arrogancia, esto pudo haber llevado a Juan a detener a un hombre que expulsaba demonios en el nombre de Jesús; sin embargo, Jesús señaló que no era necesario tener una mentalidad de división o competencia, ¡porque el hombre estaba en su equipo!

9. **Repasa 9:51-56.**

Lucas avanza en el tiempo para darnos otro ejemplo de un momento en que los discípulos se excedieron en su posición. Este evento ocurrió más adelante en el ministerio de Jesús, pero aquí encaja con el tema de Lucas. Cuando un pueblo samaritano se negó a recibir a Jesús, Jacobo y Juan ofrecieron hacer descender fuego del cielo como castigo para ellos, pero Jesús los reprendió y continuó su camino.

10. **Repasa 9:57-62.**

En la última escena de hoy, Lucas concluye señalando que, contrariamente a la visión de que la vida de un discípulo estaba llena de gloria y honor, seguir a Jesús no era algo glamoroso. Jesús encontró a tres personas que dijeron que lo seguirían, pero todos tenían una salvedad: algo que querían atender primero.

11. Resume las respuestas de Jesús a las tres personas que querían seguirlo.

1.

2.

3.

A primera vista, las respuestas de Jesús pueden parecer duras o crueles; sin embargo, Él estaba reconociendo que seguirlo significa que quizá tengamos que renunciar a cosas que consideramos buenas. Ten en cuenta el mensaje de ayer sobre negarnos a nosotros mismos, tomar nuestra cruz y seguirlo.

El discipulado no es una lucha por el poder, y no es un camino fácil. Junto con las grandes revelaciones, como ser testigos de la transfiguración, es importante recordar que la vida del discípulo se trata de estimar a Jesús por encima de todo lo demás. Como escribió el teólogo Matthew Henry, citando a su padre: "No es necio quien renuncia a aquello que no puede retener, cuando está seguro de que será recompensado con lo que no puede perder".[7] Jesús es el tesoro supremo, ¡Él es donde está la alegría!

12. ¿Qué fue lo que más te impactó del estudio de esta semana? ¿Por qué?

13. ¿Qué aprendiste o recordaste sobre Dios y su carácter esta semana?

7. Philip Henry, citado en Matthew Henry, *Las Obras Completas del Rev. Matthew Henry; (exceptuando su comentario inacabado): Una colección de todos sus tratados, sermones y tractados, publicados por él mismo: y una biografía de su vida*, vol. 2 (Londres: A. Fullarton y Co., 1853), p. 634.

DÍA 6

SALMO CORRESPONDIENTE Y ORACIÓN

LEE SALMOS 127

1. ¿Qué correlación ves entre Salmos 127 y el estudio de esta semana sobre Jesús como Salvador?

2. ¿Qué porciones de este salmo captan más tu atención?

3. Termina haciendo esta oración en voz alta:

Padre,

Enviaste a tu Hijo para cumplir la ley y los profetas, y afirmaste Su divinidad con tu propia voz. Lo enviaste para salvar y, sin embargo, lo enviaste para servir: a sanar a los enfermos y alimentar a las multitudes. Eres más asombroso, más maravilloso, más complejo de lo que mi mente finita podría comprender, ¡y te alabo con todo mi corazón!

Confieso que he perdido de vista quién eres tú y quién soy yo. He discutido, sino en voz alta, al menos en mi mente, con mis hermanos y hermanas sobre quién es el más grande en tu reino. He insistido en que mis obras me han ganado un lugar en tu mesa. He olvidado que sin tu bendición, cada segundo de mi esfuerzo ha sido para mí mismo. Perdóname.

Enséñame, como le enseñaste a Salomón, que a menos que tú estés en ello, es en vano. Muéstrame, como Jesús mostró a sus apóstoles, que a menos que tú lo proveas, no tiene valor. Ayuda a que mi trabajo no provenga de un espíritu de codicia ansiosa, sino de un corazón de obediencia fiel. Que el resultado de mi limitado trabajo sea ilimitado debido a ti. ¡Que el trabajo que tú hagas a través de mí dé fruto al ciento por uno! Si me jacto de algo, ¡que sea de ti!

Te rindo mi vida Señor; en cada momento de mi día y en cada decisión que tome, cedo mi voluntad y mis caminos a tu perfecta voluntad y tus caminos.

Yo también te amo. Amén.

DÍA 7

DESCANSA, PONTE AL DÍA O PROFUNDIZA

RETO SEMANAL

En el día 2 preguntamos: "¿Cuándo fue la última vez que compartiste la historia de la gracia de Dios con alguien nuevo? ¿Cómo te sentiste?". Esta semana, inicia una conversación sobre tu fe con alguien nuevo. No es necesario que le preguntes directamente sobre su fe, aunque ciertamente puedes hacerlo. Esta práctica es solo para ayudarte a aprender a compartir la historia de la gracia de Dios con otra persona. Trata de hacer que esto sea menos una historia sobre el antes y el después de cómo has cambiado *tú*, y más una historia sobre Jesús y su gracia hacia ti y su obra terminada en la cruz. ¿Cómo recibió tu corazón ser cautivado por la historia de su amor?

VERSÍCULO PARA MEMORIZAR

> *Y de generación en generación es Su misericordia para los que le temen.*
> Lucas 1:50

SEMANA 5

Lucas 10-11:

El enfoque del Salvador

LECTURA BÍBLICA DIARIA

Día 1: Lucas 10:1-24

Día 2: Lucas 10:25-42

Día 3: Lucas 11:1-13

Día 4: Lucas 11:14-32

Día 5: Lucas 11:33-54

Día 6: Salmos 3

Día 7: Para ponerte al día

Corresponde a los días 298 y 286 de *La sinopsis de la Biblia*

RETO SEMANAL

Ver la página 151 para más información.

DÍA 1

LUCAS 10:1-24

LEE LUCAS 10:1-24

1. **Repasa 10:1-12.**

Anteriormente, Jesús envió a los doce apóstoles; en la lectura de hoy, comisionó a un grupo adicional de setenta y dos de sus seguidores para el ministerio. Ellos fueron asignados para ir por delante a los lugares que Jesús planeaba visitar. Para prepararlos, les dio instrucciones que compartían muchas similitudes con lo que les había dicho a los primeros doce (9:1-6): viajar ligeros dependiendo de la provisión de Dios, predicar las buenas nuevas, llevar sanidad y testificar contra aquellos que rechacen el mensaje. Pero Jesús ofreció una perspectiva adicional y amplió las instrucciones para este segundo grupo de embajadores.

2. ¿A qué cosecha se refería Jesús en 10:2? ¿Cuál era el estado de la cosecha y el problema relacionado? ¿Cuál fue su solución propuesta?

Jesús compartió una gran noticia con una advertencia: no faltaban almas listas para ser cosechadas para la vida eterna; sin embargo, había una escasez de personas dispuestas a participar en el trabajo. Él enviaba seis veces más personas que antes, pero la necesidad seguía siendo grande. Las palabras traducidas en la NBLA como "rueguen" provienen de la palabra griega *deomai*.

3. **Usando un diccionario de griego o una concordancia, escribe el significado de *deomai* abajo.** Encuentra los otros cinco versículos donde ha aparecido hasta ahora en el Evangelio de Lucas.

4. ¿Cuándo has *deomai-ado* a Dios por algo? ¿Han estado esas oraciones más enfocadas en lo eterno o en lo temporal?

Jesús encargó a los setenta y dos rogar a Dios para que multiplicara la fuerza laboral, incluso mientras obedientemente se unían al esfuerzo. ¡Les estaba diciendo cómo ser parte de la respuesta a su propia oración! Luego dejó claro cuán seria y urgente era la labor. Salían como presa en territorio de depredadores, llevando un mensaje sobre la cercanía del reino. Esta misión específica era tan importante que se les dijo que evitaran las cortesías en el camino. La bendición esperaba a las personas que los recibieran, mientras que el juicio se estaba acumulando para los pueblos que los rechazaran.

5. **Repasa 10:13-16.**

Jesús mencionó específicamente a Corazín, Betsaida y Capernaúm: estas eran ciudades de la región de Galilea que habían sido testigos de muchos de sus actos poderosos, pero que no se habían vuelto en arrepentimiento para recibir la salvación. En contraste, Tiro y Sidón eran ciudades pecadoras condenadas en el Antiguo Testamento, pero Jesús dijo que ellas habrían respondido correctamente si hubieran visto las mismas cosas. Un paralelismo moderno podría ser algo así: "Hice milagros desde el púlpito el domingo en la mañana, pero los asistentes a la iglesia no se arrepintieron. ¡Si hubiera hecho esos mismos milagros en el club el sábado en la noche, ¡todo el lugar se habría apartado de sus malos caminos y me habría seguido!".

6. **Repasa 10:16 y lee Romanos 10:11-17.** ¿Qué puedes aprender de estos pasajes sobre la importancia de los representantes de Jesús que comparten su mensaje?

7. Repasa 10:17-20. ¿Qué expresaron los setenta y dos cuando regresaron? ¿Cómo lo abordó Jesús?

8. ¿Qué significa que sus nombres "están escritos en el cielo", y por qué Jesús los dirigió hacia eso como una mejor fuente de gozo?

En 10:18 Jesús hizo una declaración que algunos estudiosos interpretan de manera diferente. Al hacer referencia a Satanás cayendo como un rayo, algunos creen que Jesús estaba hablando sobre la caída inicial del ángel rebelde (que ya había ocurrido), mientras que otros piensan que Él estaba anunciando la derrota final de Satanás. En cualquiera de los casos, Jesús reconoció que la autoridad que Él había dado (y que los setenta y dos habían ejercido) era increíble. Satanás y su equipo de fuerzas espirituales no eran rivales para el poder de Dios, ¡y aquellos que fueron enviados lo presenciaron de primera mano!

Sin embargo, lo que debía producirles mayor gozo no eran esas habilidades o experiencias espirituales, sino su estatus como aquellos que lo habían recibido como Salvador. ¡Sus nombres estaban inscritos en el registro celestial de Dios para la vida eterna! Por encima de cualquier logro o identidad que podamos reclamar, ya sea espiritual o de otro tipo, tener una relación con Jesús como el Salvador de nuestras almas debe ser lo que nos produzca el mayor gozo.

9. ¿Qué títulos, logros o relaciones estás tentado a celebrar tanto (o incluso más) que tu relación con Jesús?

10. **Repasa 10:21-24.**

La voluntad del Padre es revelar a Jesús como Salvador a las personas que se acercan a Él como niños con corazones humildes para recibir, y ocultar la verdad de aquellos que, en su orgullo, creen que ya tienen todas las respuestas. Jesús se regocijó en esto como un acto de misericordia y una bendición del Padre.

11. ¿Qué habían visto y oído los discípulos que los profetas y reyes del pasado de Israel anhelaban experimentar?

Si eres seguidor de Cristo, compartes esta misma bendición. Conoces al Salvador gracias a la voluntad misericordiosa de Dios y por medio del trabajo de los obreros que Él ha enviado a sus campos a través de los siglos.

DÍA 2

LUCAS 10:25-42

LEE LUCAS 10:25-42

1. **Repasa 10:25-37.** Completa el cuadro siguiente.

Versículo	Resume la pregunta en tus propias palabras	¿Cuál es el motivo de la pregunta?	¿Qué puede indicar la pregunta o el motivo con respecto a su corazón?
10:25			
10:29			

2. Busca información sobre el rol y estatus de un intérprete de la ley judío del primer siglo. ¿Cómo te ayuda a enmarcar lo que encontraste la interacción de este hombre con Jesús?

El intérprete de la ley en este texto no era un abogado especializado en persecuciones, defensas o contratos complicados como podríamos pensar hoy en día. Este abogado conocía la Torá (la ley sagrada de Dios dada a los judíos) de manera profunda. Era un candidato probable para formar parte de los "sabios e inteligentes" a los que Jesús se refería en Lucas 10:21. Su intención era desafiar a Jesús y validarse a sí mismo como justo delante de Dios, pero Jesús llevó las cosas en una dirección diferente.

Jesús volteó la primera pregunta, dándole al hombre la oportunidad de responder según su conocimiento de las Escrituras. El hombre citó Deuteronomio 6:5 y Levítico 19:18, y Jesús aprobó; amar a Dios con todo nuestro ser y amar a los demás como a uno mismo resumía toda la ley de Dios. Cualquiera que pudiera hacer esas dos cosas recibiría la bendición de la vida eterna.

3. Considera tus pensamientos, actitudes, acciones e interacciones de la semana pasada. Por cada día que cumpliste perfectamente Lucas 10:27, pon una marca de verificación (√). Pon una X por cada día que fallaste.

- ☐ Domingo
- ☐ Lunes
- ☐ Martes
- ☐ Miércoles
- ☐ Jueves
- ☐ Viernes
- ☐ Sábado

Si marcaste las siete casillas *y* pudieras marcar todas las casillas representando todos los demás días de tu vida (pasada y futura), ¡Jesús dice que has calificado para la vida eterna! Bastante fácil, ¿no es cierto? (Obviamente no).

En lugar de reconocer que la norma establecida para heredar la vida eterna estaba más alta de lo que podía alcanzar, el intérprete pasó a las cuestiones técnicas de cumplir con la ley. Jesús redirigió la conversación y confrontó los problemas subyacentes del corazón del intérprete mediante una parábola.

4. Completa la siguiente tabla con respecto a las personas que encontraron al hombre medio muerto en la zanja.

Versículo(s)	Descripción de la persona	Resumen de su respuesta
10:31		
10:32		
10:33-35		

5. **En un comentario o Biblia de estudio, lee sobre cada uno de los tres.** Usando solo los términos *justo* o *injusto*, etiqueta a cada uno según cómo el intérprete de la ley y los judíos los habrían percibido con base en su trasfondo y afiliaciones. Después, etiquétalos según lo que sus acciones reflejan.

Personaje n.º 1 Título / Identificador (10:31): ____________________

Percepción pública: ____________________

Acciones: ____________________

Personaje n.º 2 Título / Identificador (10:32): ____________________

Percepción pública: ____________________

Acciones: ____________________

Personaje n.º 3 Título / Identificador (10:33): ____________________

Percepción pública: ____________________

Acciones: ____________________

El intérprete, seguro de sí mismo, estaba buscando una salida legal que lo eximiera de tener que amar a ciertas personas. Llegó preguntando: "¿Quién es mi prójimo?" y se fue con una lección sobre cómo ser un prójimo. Jesús mostró que el verdadero amor hacia el prójimo, que honra a Dios y cumple la ley, se caracteriza por una compasión extravagante y un servicio sacrificial, e incluye aun a aquellos considerados enemigos.

El intérprete reconoció que el samaritano misericordioso en la parábola fue quien demostró el corazón de Dios detrás de la ley, y Jesús le dijo que viviera de la misma manera.

A menudo, nuestro instinto es pensar en cómo deberíamos ser más como el buen samaritano, y eso es algo bueno en lo que pensar; pero lo mejor que debemos considerar es cómo Jesús el Salvador ha sido el buen samaritano para nosotros, que somos como el hombre en la zanja que no puede ayudarse a sí mismo.

6. Haz una lista de los paralelismos que ves entre las acciones del buen samaritano y las realidades de tu salvación a través de Cristo. Escribe la cita de las escrituras correspondientes cuando sea posible.

Acciones del samaritano	La salvación que me dio Cristo	Escritura

El estándar elevado para heredar la salvación es uno que solo Jesús puede cumplir en nuestro lugar. Crecer en la capacidad de amar a Dios y mostrar misericordia a los demás comienza cuando reconocemos nuestro fracaso y nuestra incapacidad para cumplir los mandamientos de Dios. Al abrazar esa realidad, pasamos al arrepentimiento y recibimos su amor y misericordia a través de la fe.

7. **Repasa 10:38-42.** ¿Por qué crees que Marta podría haber esperado que Jesús corrigiera a María?

Tenía sentido para Marta pasar al modo de servicio. Estaba recibiendo a un huésped al que honraban en su casa y estaba cumpliendo fielmente con una expectativa cultural. María, por otro lado, estaba haciendo algo que muchos considerarían escandaloso.

Al escribir que María estaba "sentada a los pies del Señor" (10:39), Lucas no solo estaba describiendo su posición física; también utilizaba una frase que indicaba que *ella estaba en una postura de discípula, aprendiendo.* El mismo lenguaje se utiliza en Hechos 22:3 cuando el apóstol Pablo dijo que fue "educado bajo Gamaliel". En aquellos días era impensable que una mujer fuera enseñada sobre las cosas de Dios; sin embargo, Jesús estaba en la tarea de desafiar las normas y establecer la cultura del reino. ¡Él aceptó y afirmó la acción de María! Y, en su bondad, vio a Marta trabajando arduamente en el servicio (una responsabilidad importante que probablemente había sido inculcada en ella como lo mejor que podía hacer) y la invitó a unirse a su hermana en *algo mejor.*

El Evangelio de Lucas es el único que incluye esta narrativa, y es otro ejemplo del compromiso de Lucas de hacer hincapié en que las mujeres no son marginales para Dios, ni un pensamiento posterior para Él; ¡ellas son incluidas y valoradas!

8. ¿Qué cosas en tu vida, incluidas las buenas e importantes, tienden a distraerte de "la parte buena" de aprender de la Palabra de Dios y pasar tiempo en su presencia? ¿Cómo te influye recordar que Jesús dijo que esa parte es la única cosa necesaria y no puede ser arrebatada?

DÍA 3

LUCAS 11:1-13

LEE LUCAS 11:1-13

La oración era una práctica regular en la religión judía, pero los discípulos de Jesús notaron algo distinto en sus oraciones que los llevó a concluir que aún tenían mucho que aprender. Le pidieron que les enseñara lo que Él sabía.

La frase "se capta más por observación que por enseñanza" describe la realidad de que mucho se puede ganar a través de la observación atenta. La instrucción es útil; pero la experiencia vivida a menudo tiene un impacto más profundo.

1. Tras haber leído la Biblia y pasado tiempo aprendiendo de la vida de Jesús, ¿qué has "captado" de su ejemplo y cómo ha afectado tu perspectiva o práctica de la oración?

2. ¿Quién en tu vida ha modelado la oración de una manera que te ha animado o desafiado? ¿Qué aprendiste de ellos? Sé específico. ¡Luego da gracias a Dios por ellos!

En respuesta a la petición que se le hizo, Jesús compartió con sus discípulos lo que ahora se llama el *padrenuestro* (el Evangelio de Mateo registra una versión más extensa de esta oración en Mateo 6:9-13).

Jesús estableció el fundamento de la oración al dirigirse a Dios como Padre. ¡El hecho de que se nos dirija a hablar con Dios como Padre es una bendición increíble! Jesús estaba guiando a los discípulos a recordar su posición como hijos amados de Dios. La palabra *Padre* lleva la connotación de intimidad y amor hacia ellos, *así como* su autoridad sobre ellos.

3. ¿Por qué es importante que los creyentes mantengan ambas realidades cuando oran?

Aunque hay muchas maneras fantásticas de analizar el resto de la oración modelo de Jesús, vamos a enfocarnos en dos elementos concretos: declaraciones y peticiones.

4. **Usando un comentario, Biblia de estudio u otros recursos, completa las tablas a continuación:**

Declaraciones acerca de Dios	Importancia/Implicación	Significado/Resumen personal
"Santificado sea tu nombre"		
"Venga tu reino"		

Peticiones hechas a Dios	Importancia/Implicación	Significado/Resumen personal
11:3 ________		
11:4 ________		
11:4 ________		

Las declaraciones se centraron en honrar a Dios, reconocer su reino y priorizar su voluntad, inaugurado a través del ministerio de Jesús (Lucas 10:9) y encaminado hacia su forma final (Apocalipsis 11:15-17).

Las peticiones señalaron a Dios como proveedor que satisface necesidades físicas y espirituales, así como protector y guía frente a las tentaciones de este mundo. Jesús no improvisó una oración para que sonara bien; sabía exactamente que sus seguidores necesitaban orientar sus pensamientos hacia Dios, y eso fue lo que les enseñó.

Es fácil y natural para nosotros orar de manera diferente a su ejemplo. Los creyentes deben acercarse a Dios con amor y reverencia, dependencia diaria y como defensores de su agenda del reino; sin embargo, a menudo llegamos de manera inconsistente, mecánica e irreverente, llevando listas de deseos egocéntricas.

5. Usando el modelo de Jesús como guía, escribe tu propia oración breve que pueda servir como modelo para ti y para otros.

Mientras Jesús continuaba enseñando sobre la oración, dio una ilustración de un anfitrión con un gran dilema según los estándares de hospitalidad del Medio Oriente: un visitante hambriento que llegó de fuera de la ciudad y una despensa vacía.

6. ¿Por qué el "amigo" respondió a la petición del anfitrión desesperado? **(Pista: busca el significado de la palabra *importunidad*).**

Jesús animó a sus discípulos a orar con persistencia: pidiendo, buscando y llamando, lo cual conduce a recibir, encontrar, y ver puertas abiertas. Un hombre molesto se levantaría de la cama para satisfacer las necesidades de un vecino persistente e inoportuno; y un padre terrenal, aunque imperfecto, concedería las peticiones de sus hijos de cosas buenas dentro de sus posibilidades. ¿No es lógico que Dios, como un Padre celestial perfecto, supere con creces esos estándares al responder nuestras oraciones *y* bendecirnos como sus hijos?

Con sabiduría y amor, Dios no nos da todo lo que pedimos, porque solo Él sabe lo que es bueno para nosotros tanto ahora como en la eternidad. Así como el padre en Lucas 11:11-12 *daría* cosas buenas como un pez o un huevo a un hijo que las pidiera, Dios *no nos dará* "serpientes" o "escorpiones" simplemente porque las pidamos. Pero podemos confiar en que Él nos escucha y está comprometido a darnos dones increíbles, como el Espíritu Santo.

7. **Lee Juan 14:15-17; 14:25-26; Romanos 8:12-17; y Efesios 1:3-14.** ¿Por qué el Espíritu Santo es uno de los mejores regalos que Dios podría darte?

DÍA 4

LUCAS 11:14-32

LEE LUCAS 11:14-32

1. **Repasa 11:14-23.**

Diversas obras poderosas acompañaron las palabras que Jesús pronunció sobre la salvación. Estas obras servían como ayudas visuales para las realidades espirituales invisibles que Él había venido a revelar. El hombre mudo al que Jesús liberó de un demonio era un milagro viviente y hablante, y servía como evidencia que respaldaba el mensaje de que Jesús era el Salvador enviado por Dios al mundo.

2. ¿Qué testimonios o historias de transformación has escuchado, visto o experimentado que apuntan a Jesús? ¿Puedes pensar en algún caso específico? Descríbelo brevemente.

La gente quedó asombrada por lo que Jesús había hecho, pero sus respuestas no tenían sentido. Algunos de los que presenciaron el exorcismo dijeron que Jesús operaba bajo el poder demoníaco de Satanás. Otros no estaban dispuestos a emitir un veredicto final y exigían que Jesús hiciera algo más para probarse a sí mismo. Mateo 12:24 identifica a los detractores en este relato como fariseos. Jesús ya había enfrentado su incredulidad en repetidas ocasiones, pero aun así estaba dispuesto a responder a sus acusaciones.

3. Resume los puntos e ilustraciones que Jesús usó como defensa.

Punto n.º 1 (11:17-18):

Punto n.º 2 (11:19):

Ilustración (11:21-22):

En una sección que podría llamarse "Historia de dos reinos", Jesús confrontó el absurdo y el sesgo de sus opositores. Primero, el autosabotaje de Satanás no tenía sentido. Segundo, si el milagro hubiera sido realizado por las manos de otro (por ejemplo, uno de sus propios seguidores o "hijos"), lo habrían aceptado como divino sin dudarlo.

Satanás, quien la Escritura llama el dios y príncipe de este mundo (2 Corintios 4:4; Juan 12:31), es fuerte, pero Jesús, el rey del cielo y de la tierra, es más fuerte. Jesús trazó una línea entre los dos reinos: o eres parte de su reino, trabajando para reunir a las personas hacia Dios a través de la salvación, o eres parte del reino opuesto de Satanás, dispersando a las personas de la verdadera vida.

4. **Repasa 11:24-28.** ¿Sobre qué era la advertencia de Jesús? ¿Qué importancia podría tener el número adicional de demonios?

Toda la charla sobre la actividad demoníaca en este texto podría generar, comprensiblemente, preguntas o temor. Si bien la Escritura enseña que Satanás y la actividad demoníaca son reales, también enseña que el enemigo está atado. Dios es soberano incluso sobre sus enemigos. Es importante mantener ambas realidades simultáneamente: no estar excesivamente fijado en lo demoníaco ni ser despectivo con respecto de su poder.

5. ¿Tiendes a inclinarte hacia un extremo o el otro en cuanto a tu visión sobre lo demoníaco? Si es así, ¿sobre cuál de ellos?

Nuestra mayor fuente de protección espiritual también resulta ser la manera en que podemos acceder a grandes bendiciones. Al escuchar y obedecer los mandamientos e instrucciones de Dios, podemos mantenernos a salvo de los planes de Satanás (Efesios 6:10-18) y recibir una bendición aún mejor que ser elegidos para llevar al Salvador del mundo (Lucas 11:27-28). ¡Vaya!

6. **Repasa 11:29-32.**

Jesús hizo referencia a dos relatos del Antiguo Testamento para explicar por qué el rechazo de la gente hacia Él era un gran problema.

7. **Busca los relatos que mencionó Jesús, lee los pasajes y llena el cuadro a continuación.**

	Similitudes con Jesús	Diferencias de Jesús
Salomón y la reina del sur/ Saba (1 Reyes 10:1-10)		
Jonás y el pueblo de Nínive (Jonás 3:1-10)		

8. **Busca la palabra *condenar*.** Si Jesús es quien juzgará al mundo por el pecado, ¿en qué sentido la reina del sur o los hombres de Nínive podrían condenar a esa generación?

No está mal pensar en nuevas maneras de ayudar a las personas a encontrarse con la verdad, pero podemos creer erróneamente que tener más pruebas convincentes o presentaciones más relevantes y elocuentes conducirá a una mayor fe. Jesús dejó claro que su ministerio y enseñanza eran más que suficientes para convencer de pecado y conducir al arrepentimiento.

9. **Lee Romanos 1:15-17 y 2 Corintios 2:15.** ¿Cómo pueden estas verdades moldear tu perspectiva sobre compartir el evangelio con los demás?

El mensaje del evangelio que se encuentra en las páginas de la Escritura es lo suficientemente poderoso como para convencer de pecado, revelar a Jesús, ¡y llevar al arrepentimiento y la fe incluso a los corazones más endurecidos! Para muchos de nosotros es fácil pensar en esto en términos amplios, pero podemos estar menos convencidos de la posibilidad de salvación para las peores personas que podamos imaginar. ¿Te cuesta creer que simplemente encontrar el evangelio podría transformar a alguien en particular? El mensaje que el Salvador del mundo vino a entregar es que su muerte y resurrección son suficientes para todos aquellos que acudan a Él.

DÍA 5

LUCAS 11:33-54

LEE LUCAS 11:33-54

1. **Repasa 11:33-36.** ¿Cómo conectan aquí las palabras de Jesús con 11:29-32?

Jesús fue enviado al mundo para iluminar el camino y salir de la oscuridad, y su misión no era en absoluto un secreto. Predicó frente a multitudes, enseñó en las sinagogas, reveló públicamente el poder divino, y se identificó abiertamente como el Salvador. Cuando las personas, como los fariseos, no lograban reconocer su luz y responder debidamente ante la presencia de ese poder divino, se pudo ver que el problema nunca fue que Jesús fuera una lámpara tenue u oscurecida, sino que la visión de ellos estaba equivocada.

2. Jesús hizo la advertencia: "Mira, pues, que la luz que en ti hay no sea oscuridad" (11:35). ¿Cómo puedes discernir si tus ojos espirituales están en buen o mal estado? Sé específico.

Cuando Jesús fue invitado a compartir una comida con un fariseo y sus amigos, aprovechó la oportunidad para arrojar más luz sobre el tema de estar en oscuridad espiritual.

3. **Repasa 11:37-41.** ¿Qué hizo Jesús que sorprendió a su anfitrión? ¿Por qué fue algo importante?

Jesús estaba desafiando conscientemente una de las costumbres elaboradas de purificación de los fariseos. La práctica no era algo que Dios había ordenado, pero ellos creían que quienes no la observaban estaban contaminados. Esperaban que Jesús se ajustara a su tradición. Este era solo un ejemplo de miles de tradiciones en la ley oral.

Los fariseos estaban obsesionados con las apariencias externas, mientras eran desatentos con el estado de sus corazones. Tenían celo mal dirigido y un falso sentido de justicia, y Jesús quería que supieran que esas cosas no se traducían en una posición justa delante de Dios. Si hubieran abordado su verdadero problema, podrían haber experimentado la transformación auténtica de todo su ser.

4. En su ministerio, Jesús mostró paciencia, ternura y compasión a una gran variedad de personas en medio de su pecado y falta de entendimiento; sin embargo, a menudo trató a los fariseos, los intérpretes de la ley y los escribas de manera más dura. ¿A qué crees que se debió eso?

5. **Repasa 11:42-52.**

Jesús destacó síntomas específicos de la enfermedad del corazón en los fariseos y los intérpretes de la ley. Ambos se dirigían a un destino triste si no cambiaban de rumbo.

6. Relaciona cada uno de los seis ayes que Jesús pronunció con aquello de lo que eran culpables los fariseos o intérpretes. Usa las referencias cruzadas proporcionadas si es necesario.

Ayes para los fariseos	**Su pecado**
___ 11:42 (Miqueas 6:8)	A. Hipocresía
___ 11:43 (Mateo 23:5-7)	B. Rechazar la revelación de Dios
___ 11:44 (Números 19:14-16)	C. Falta de compasión y misericordia
	D. Orgullo y autoexaltación
Ayes a los intérpretes de la ley	E. Legalismo
___ 11:46 (Hechos 15:10-11)	F. Impedir que las otros comprendan la verdad
___ 11:47-51 (Hechos 7:51-52)	G. No obedecer el mandamiento de Dios
___ 11:52 (Malaquías 2:7-8)	H. Llevar a la gente a la impureza en lugar de llevarla a la justicia

Los líderes habían deshonrado a Dios e influido negativamente en su pueblo. Eran fuentes ocultas de contaminación espiritual y obstruían el verdadero significado de la ley de Dios cuando tenían la responsabilidad de aclararlo. Podían haber celebrado a los mensajeros de Dios del pasado, pero eran tan culpables como los hombres malvados que habían matado a esos mensajeros, porque perseguían a Jesús, ¡quien era la culminación misma del ministerio de cada uno de esos profetas! A pesar de todas sus maneras veladas y malvadas, mantenían estima espiritual por quienes los rodeaban.

Al igual que aquellos a quienes Jesús confrontó, los cristianos pueden tener una apariencia de piedad que es muy diferente de lo que Dios ve.

7. Haz una pausa. Pide a Dios que revele cualquier incoherencia entre la reputación que intentas mantener y tu carácter real (tus motivos, pensamientos, lo que haces tras puertas cerradas, etc.). ¿Hay áreas donde no estás caminando con integridad? Sé sincero contigo mismo.

8. Si es así, escribe una oración pidiendo al Espíritu Santo que te ayude a vivir como alguien que no solo parece limpio, sino que está realmente limpio.

9. **Repasa 11:53-54.** ¿Cómo respondieron los líderes religiosos a la reprensión de Jesús? ¿Cuál hubiera sido una mejor respuesta?

Estar expuestos a la luz de Cristo después de vivir en oscuridad puede ser desconcertante e incluso doloroso. Una opción es mantener nuestros ojos cerrados para evitar la incomodidad de la convicción. La otra opción es contemplar y estimar al Salvador de nuestras almas, permitiendo que su Espíritu nos redirija. Podemos caminar con confianza en que todo lo que Él tiene para nosotros es mejor que cualquier cosa que podamos dejar atrás, porque ¡Él es donde está el gozo!

10. ¿Qué fue lo que más te impactó del estudio de esta semana? ¿Por qué?

11. ¿Qué aprendiste o recordaste esta semana sobre Dios y su carácter?

DÍA 6

SALMO CORRESPONDIENTE Y ORACIÓN

LEE SALMOS 3

1. ¿Qué correlación ves entre Salmos 3 y el estudio de esta semana sobre Jesús como Salvador?

2. ¿Qué porciones de este salmo captan más tu atención?

3. Termina haciendo esta oración en voz alta:

Padre,

Tu nombre es santificado y santo. Tú eres el dador y sustentador de la vida. Tú das la salvación. Eres mi gloria y el que levanta mi cabeza cuando estoy en desesperación.

Me arrepiento porque no te he amado con todo mi corazón, con toda mi alma y con todas mis fuerzas, y no he amado a mi prójimo como a mí mismo. He usado normas culturales o mi propia interpretación de tu ley para justificar el ignorar al hombre que sangra en la zanja. He usado un servicio bienintencionado como excusa para dejar de lado algo mejor: tiempo contigo.

Mientras me acuesto, duermo y despierto, que yo —como David— sepa que tú eres el que me sostiene. Y como tu Hijo instruyó a los setenta y dos, impúlsame a unirme a la obra de tu cosecha. Y, por favor, Padre, ¡envía colaboradores!

Mientras nosotros, los colaboradores, trabajamos juntos para ti, recuérdanos que la salvación te pertenece a ti. Cuando estemos desanimados, recuérdanos que solo tú puedes cambiar los corazones. Cuando dudemos, recuérdanos que tú puedes cambiar incluso los corazones más duros. Como tu Hijo nos enseñó a orar: "Venga tu reino".

Rindo mi vida a ti, Señor; en cada momento de mi día y en cada decisión que tome, cedo mi voluntad y mis pasos a tu perfecta voluntad y camino.

Yo también te amo. Amén.

DÍA 7

DESCANSA, PONTE AL DÍA O PROFUNDIZA

RETO SEMANAL

En el día 1 vimos a Jesús alentar a sus seguidores a "orar fervientemente" (10:2) con respecto a la salvación de los perdidos. La palabra griega que usó (*deomai*) se traduce de manera libre como "rogar". Haz una lista de al menos cinco personas que conozcas que no se identificarían como cristianos. Pon un temporizador cada día de esta semana en un momento en el que puedas pasar cinco minutos "*deomai*ndole" a Dios por su salvación. Si tienes cinco personas en tu lista, eso equivale a un minuto por persona cada día. Ora específicamente por ellas, por nombre, pidiendo a Dios que las bendiga, ablande su corazón, les dé una curiosidad santa sobre Él, que las rodee de personas alegres que conozcan y amen a Jesús, y les conceda arrepentimiento. ¡Esta semana practicamos *rogarle a Dios* para que salve a esas almas!

VERSÍCULO PARA MEMORIZAR

Ha hecho proezas con Su brazo; ha esparcido a los soberbios en el pensamiento de sus corazones.
Lucas 1:51

SEMANA 6

Lucas 12-14:

La posición del Salvador

LECTURA BÍBLICA DIARIA

Día 1: Lucas 12:1-34

Día 2: Lucas 12:35-39

Día 3: Lucas 13:1-21

Día 4: Lucas 13:22-35

Día 5: Lucas 14

Día 6: Salmos 147

Día 7: Para ponerte al día

Corresponde a los días 299-300 de *La sinopsis de la Biblia*

RETO SEMANAL

Ver la página 178 para más información.

DÍA 1

LUCAS 12:1-34

LEE LUCAS 12:1-34

Aunque muchas personas seguían a Jesús a estas alturas de su ministerio, la lectura de hoy nos da una serie de advertencias que Él dirigió específicamente a sus discípulos, y que no siempre daba a la multitud en general.

1. **Repasa 12:1-3.**

La primera advertencia fue acerca de los fariseos, cuya hipocresía se extendía en todo lo que hacían. Jesús la comparó con la levadura, una masa fermentada que hace que el pan suba; basta una pequeña cantidad para influir en toda la masa. Si la levadura se mezcla con una masa, finalmente será evidente para cualquiera que la vea, y lo mismo ocurre con las intenciones del corazón de los fariseos, que al final también serían reveladas.

De hecho, *todo* saldría a la luz, incluidas las cosas que Jesús y sus discípulos tenían que hablar en voz baja, como el secreto mesiánico. Al final, compartirían esos mensajes en público y en voz alta, ¡incluso desde las azoteas! (Ver también: Mateo 10:26-27).

2. **Repasa 12:4-7.**

Luego animó (y advirtió) a los discípulos a no caminar con temor al hombre. Ya les había hablado de su futura persecución y muerte, pero sabía que la mayoría de ellos también moriría como mártires por su fe. Sin embargo, dado que Dios está atento incluso a los detalles más pequeños, como las aves y los cabellos de nuestra cabeza, ciertamente se puede confiar en que Él proveerá para una persona hecha a su imagen. No tenían razón para temer a aquellos que podían matarlos, y de hecho, los matarían.

3. Según 12:5, ¿a quién deberían temer en lugar del hombre? En tus propias palabras, ¿cómo describirías ese temor? ¿Cómo se ve en un nivel práctico?

4. **Repasa 12:8-12.**

Aunque estas palabras fueron dichas a los discípulos, estos principios (y para algunos, las realidades) todavía se aplican a nosotros hoy. Sin importar lo que enfrentemos como resultado de nuestra relación con Jesús, Dios está con nosotros. Si somos llevados a juicio por nuestra fe, como le ocurrió a los discípulos, Él promete ser nuestra confianza. Frente a la persecución, Él nos equipará con lo que debemos decir y hacer.

Así como había una recompensa para los fieles, también había consecuencias para los faltos de fe. Los que rechazan al Espíritu Santo no serán perdonados. Y para los que nieguen a Jesús, Él los negará delante de los ángeles. Es fácil reconocer a Jesús como Señor en nuestro corazón o en nuestra cabeza, pero es muy distinto que nuestra fe se vea y se oiga.

5. Si alguien hiciera una encuesta aleatoria a algunas personas en tu vida y les preguntara sobre tu relación con Jesús, ¿qué dirían?

6. **Repasa 12:13-21.**

Mientras Jesús enseñaba, se encontró con un hombre que intentaba conseguir que su hermano repartiera con él la herencia de su padre. Jesús respondió con una parábola, una de sus formas favoritas de enseñar. Como recordatorio, las parábolas a menudo tienen personajes sin nombre, detalles generales, y solo un punto principal. Esta parábola hablaba sobre un hombre rico que acumulaba bienes en su granero. Cuando ya no tenía espacio para almacenar más, derribó los graneros y construyó otros más grandes. Esperaba así poder sentarse después y disfrutar de todo ello, pero la muerte le sorprendió antes de poder hacerlo. El mensaje de Jesús estaba claro: nuestra alma no encontrará el verdadero descanso en las posesiones. Esto sirvió también de advertencia.

7. Al margen de cuál sea el tamaño de tu cuenta bancaria, ¿alguna vez te pones a pensar igual que este hombre rico? ¿Qué es lo último que compraste pensando: *¡Esto solucionará mi problema!*, pero en realidad no te satisfizo? ¿Cómo te desafía este pasaje?

8. **Repasa 12:22-34.**

Como de costumbre, Jesús declaró un mensaje más potente y directo a los discípulos que a la multitud en general. Reafirmó sus advertencias sobre preocuparse y estar ansiosos. Para aquellos que no siguen a Cristo, el temor y la ansiedad son algo natural y comprensible porque no tienen a Dios como Padre. Pero para nosotros, que somos hijos de Dios (los que conocemos a Jesús como Salvador), Él promete que está atento a cada una de nuestras necesidades.

9. Completa los espacios en blanco de 12:32:

> "No temas, rebaño pequeño, porque el Padre de ustedes ____ ________ darles ____ ________".

¡Dios ha sido tan generoso con nosotros que podemos extender esa generosidad a otros! De hecho, animó a sus discípulos a estar dispuestos a deshacerse de todas sus posesiones. Y aunque ese mensaje pudo haber sido específico para los discípulos en su llamado único, el corazón del mensaje sigue siendo el mismo para todos los creyentes: Dios proveerá para ti, para que puedas compartir. Debido a que nuestro corazón se inclina hacia aquello en lo que invertimos, sería sabio invertir en las cosas —específicamente en las relacionadas con el reino— que queremos que ocupen *más* espacio en nuestro corazón, nuestra vida y nuestros pensamientos.

10. ¿Hay algún paso específico de obediencia que sientas que Dios te está llamando a tomar en respuesta al estudio de hoy? Si es así, escríbelo aquí:

DÍA 2

LUCAS 12:35-59

LEE LUCAS 12:35-59

En la lectura de hoy, Jesús ofreció más advertencias para los discípulos. Compartió una parábola sobre vivir con la expectativa de su regreso, pero es probable que los discípulos no captaran el tema. Después de todo, había estado hablando de su muerte y ni siquiera habían comprendido esa realidad todavía, así que aún estaban lejos de entender su resurrección, ascensión y segunda venida.

Sin embargo, los preparó para que entendieran esto en retrospectiva, en un momento en el que más necesitarían esa información. Y dado que hoy vivimos en el "ya pero todavía no" (después de la resurrección, pero antes de su regreso), ¡esto también nos sirve a nosotros! Jesús dibujó la imagen de unos sirvientes de casa que estaban despiertos y listos para que su señor regresara de una fiesta de bodas. Los sirvientes fieles que anticiparon su regreso y se prepararon para ello serían bendecidos.

1. **Repasa 12:35-40.** ¿Cuáles son las horas de la segunda y tercera vigilia? Usa una Biblia de estudio o haz una búsqueda en internet para ayudarte.

En esas épocas, donde no había cámaras en la entrada de las casas, los vigilantes operaban en cuatro turnos separados de tres horas durante la noche para asegurarse de que una casa adinerada permaneciera segura; sin embargo, estos sirvientes no solo estaban despiertos; estaban esperando con ansias el regreso de su señor. En 12:40 Jesús se refiere al "Hijo del Hombre", uno de sus nombres favoritos para sí mismo. Lo resumió para ellos: *esta parábola trata sobre mí y mi regreso.*

2. Sé sincero contigo mismo: ¿con qué frecuencia piensas y esperas con ansias el regreso de Jesús?

3. **Repasa 12:41-48.**

Después de que Jesús hizo referencia al Hijo del Hombre, Pedro probablemente se dio cuenta de que la parábola se trataba de Jesús. Interrumpió y pidió más claridad: "Nos estás diciendo esto en privado, solo a nosotros los discípulos. ¿Es este mensaje solo para nosotros o es para todos?".

Jesús no respondió directamente, pero a medida que continuaba la parábola, la respuesta se hizo más clara: a los discípulos se les había confiado mucho. Como resultado, mucho se les exigiría. Jesús los estaba preparando para el papel que desempeñarían después de su ascensión. Ellos serían los encargados de liderar la primera misión de plantar iglesias y salir como misioneros. ¡Serían bendecidos y se les concedería aún más!

El administrador fiel y prudente en esta parábola cumplió con sus responsabilidades, mientras que el siervo infiel creyó que su señor se retrasaba en regresar.

4. Enumera las tres maneras en que el siervo infiel pasó su tiempo cuando supuso que su señor se retrasaba.

1.

2.

3.

Al olvidar el plan a largo plazo, se volvió más enojado e impaciente, más egoísta y entregado al desenfreno. Para este siervo infiel hubo graves consecuencias. Y había diferentes niveles de infidelidad entre otros siervos, y cada uno fue juzgado según su conocimiento y su respuesta.

5. **Repasa 12:49-53.**

Después de su parábola, Jesús hizo advertencias duras, pero necesarias. Él *volverá*, y prometió que su gobierno y reinado incluyen juicio, el cual a menudo se simboliza con fuego (12:49). Jesús sabía que también soportaría el juicio de Dios: en su muerte, cuando cargó con los pecados de los hijos de Dios y soportó la ira de Dios en su lugar.

En la muerte y resurrección de Jesús somos confrontados con su divinidad. Jesús vino a traer salvación, pero al hacerlo, también se convirtió en el gran divisor de la humanidad: la línea de demarcación entre la vida y la muerte. En el antiguo Cercano Oriente, donde los lazos familiares eran el principal marcador de identidad de una persona, su declaración sobre las familias divididas habría sido impactante. Las familias estarán en ambos lados de la línea. Es una verdad devastadora, y sin embargo, es una verdad. En última instancia, como discípulos, nuestra lealtad reside primero y ante todo en Cristo.

6. ¿Tienes miembros de tu familia que han decidido no seguir a Jesús? Escribe a continuación una breve oración por ellos, pidiendo a Dios que abra sus corazones a la verdad.

7. **Repasa 12:54-59.**

Jesús hizo dos breves advertencias finales en la lectura de hoy, y están dirigidas a la multitud en general, no solo a los discípulos. Primero, les advirtió que prestaran atención a las cosas más importantes de la vida, como las señales mesiánicas que Él les estaba mostrando. Segundo, les advirtió que vivieran de manera justa; de lo contrario, vendría un castigo para ellos. En esta parábola usó ejemplos de juicio terrenal, pero en contexto casi con certeza estaba señalando el juicio eterno. Incluso en las parábolas Jesús no diluía su mensaje: Él es el único camino hacia la libertad y la alegría eterna, y aquellos que creen en sus palabras lo seguirán en el camino de la justicia.

8. ¿Qué es lo primero que cambiarías si supieras que Jesús volverá en el transcurso de tu vida?

DÍA 3

LUCAS 13:1-21

LEE LUCAS 13:1-21

La lectura de hoy comienza con dos historias sobre varias muertes, y no se sabe mucho con respecto a ninguno de los dos relatos.

1. **Repasa 13:1-5.**

En ese tiempo, Pilato había sido designado como gobernador romano sobre la región de Judea. Un grupo de galileos fue a Jerusalén para ofrecer sacrificios, como todos los judíos lo hacían tres veces al año, y Pilato hizo que los mataran. Una idea común en esa época era que el castigo y el sufrimiento siempre eran el resultado del pecado. Así que Jesús les preguntó si pensaban que esos galileos en particular fueron asesinados porque eran peores que otros galileos.

Antes de que pudieran responder, Jesús contestó su propia pregunta con un "no", pero al mismo tiempo reconoció que el juicio vendría para todos, a menos que se arrepintieran. Presentó dos opciones: arrepentimiento y juicio.

A continuación habló sobre una torre en Siloé que se había caído y mató a dieciocho personas. Jesús volvió a establecer el punto de que la severidad del sufrimiento de una persona no está relacionada con la severidad de su pecado.

2. Usando tu herramienta de estudio favorita, encuentra un ejemplo de una persona justa en la Escritura que haya sufrido. ¿Cómo puede la historia de esta persona animarte cuando sufres?

Puede ser desafiante discernir por qué suceden cosas difíciles en nuestras vidas. Jesús advirtió que sin importar cómo vivamos, todos experimentarán un juicio final y eterno, y llamó a la gente nuevamente a arrepentirse y volverse a Dios. Aquellos que se vuelven a Dios serán juzgados por la justicia *de Cristo,* no por la nuestra.

En esta vida los hijos de Dios ciertamente enfrentaremos disciplina (Hebreos 12:6), y con frecuencia enfrentaremos las consecuencias naturales de nuestras decisiones, pero la disciplina y la consecuencia son muy diferentes del juicio y el castigo. Aquellos que han sido adoptados en la familia de Dios a través de la obra salvadora de Jesús *nunca, jamás,* verán la ira de Dios. Jesús tomó toda la ira del Padre por nuestros pecados cuando murió en la cruz (1 Tesalonicenses 1:10; 5:9-10; Juan 3:36).

3. Empareja la referencia a continuación con la verdad que proclama:

Romanos 4:5	En Cristo, nos convertimos en la justicia de Dios.
Romanos 5:19	Cristo se convirtió en nuestra justicia y santificación.
Romanos 10:4	Cristo es el fin de la ley para justicia a los que creen.
1 Corintios 1:30	Cristo se convirtió en nuestra justicia y santificación. La justicia de Cristo hizo justos a muchos.
2 Corintios 5:21	Dios justifica al impío, cuya fe se cuenta como justicia.

4. **Repasa 13:6-9.**

Jesús continuó su llamado al arrepentimiento con una parábola. Un hombre plantó una higuera en su viñedo y pidió a un viñador que la cuidara. En un lapso de tres años, no había dado fruto. El hombre estaba listo para cortarla, pero el jardinero pidió un año más de cuidado, riego y fertilización antes de rendirse.

5. Empareja los personajes de la parábola con quienes crees que representan:

Dueño del viñedo	Israel
Viñador	Dios el Padre
La higuera	Jesús

Esto fue casi con certeza una metáfora de Israel. No solo Israel había sido comparada frecuentemente con una higuera en la Escritura (Oseas 9:10, Jeremías 8:13, Jeremías 24), sino que Jesús pasó tres años ministrando entre ellos, y aun así Israel seguía perdido en sus caminos. La consecuencia por no dar fruto era severa, pero Jesús fue misericordioso y paciente con Israel, así como lo es con nosotros.

6. Si esta fuera una parábola sobre la esterilidad de Israel, ¿qué tipo de "fruto" crees que el jardinero esperaba que produjera? **(Para encontrar ayuda, consulta 3:8-9 y 6:43-44).**

7. ¿Qué revela esta parábola sobre el corazón de Dios?

8. **Repasa 13:10-17.**

Lucas sale de su largo pasaje sobre advertencias, arrepentimiento y juicio y nos lleva a una hermosa historia de Jesús sanando a una mujer.

9. Llena la siguiente tabla.

¿Qué síntoma físico mostró la mujer?	
¿Qué causó el síntoma físico?	
¿Cuánto tiempo había sido afectada la mujer?	
¿Cuánto tiempo tardó en recuperarse?	

Esta historia no está exenta de drama. El líder de la sinagoga se enteró de esta sanidad y reprendió a Jesús por trabajar en el día de reposo.

10. En tus propias palabras, resume la respuesta y la lógica de Jesús.

11. **Repasa 13:18-21.**

En nuestra última sección, Jesús dibujó dos imágenes del reino de Dios. Ya hemos aprendido sobre una de esas cosas: la levadura. Un poco de levadura afecta toda la masa. De igual manera, una semilla de mostaza era una de las semillas más pequeñas conocidas por la audiencia de Jesús, pero cuando se riega y cuida, ¡el árbol puede crecer hasta alcanzar aproximadamente seis metros de altura y de anchura!

Los judíos pensaban que el Mesías vendría con un poder triunfante para dominar a Roma y liberarlos, pero el ministerio de Jesús era como una semilla de mostaza: algo aparentemente "insignificante" que crecería más allá de su comprensión. Y, tal como lo prometió, el reino ha seguido expandiéndose, ¡alcanzando miles de años para cambiar nuestros corazones y nuestras vidas hoy!

DÍA 4

LUCAS 13:22-35

LEE LUCAS 13:22-35

En la lectura de hoy, Lucas dijo que Jesús "proseguía camino a Jerusalén" (13:22). Aunque Lucas no registra los eventos de manera cronológica, vale la pena señalar que el viaje hacia Jerusalén marcó las últimas semanas de la vida de Jesús. Él se dirigía a Jerusalén para morir. Cada vez que leemos sobre esa parte de la cronología, lo vemos reiterando su llamado al arrepentimiento con mayor énfasis.

1. **Repasa 13:22-30.**

Alguien que se encontró con Jesús le preguntó cuántas personas serían salvadas. Si tienes una pregunta sobre la salvación, ¡el Salvador es la persona correcta a quien preguntar! Pero hay dos cosas que vale la pena señalar acerca de la pregunta del hombre. Primero, la pregunta era general, no personal. No preguntó: "¿Seré *yo* salvo?". Segundo, no sabemos a qué se refería el hombre específicamente: ¿salvo de qué? Es probable que se refería a ser salvado de la opresión de Roma, porque pocas personas con las que Jesús se encontró tenían una visión para entender el reino; principalmente pensaban en cosas temporales, no en cosas eternas.

Como es habitual, Jesús no respondió directamente a la pregunta que se le hacía, sino que dio una respuesta aún más importante. Primero, hizo que la respuesta fuera personal.

2. ¿Qué animó Jesús a hacer al hombre en 13:24? Resume tu respuesta en tus propias palabras.

3. Según 13:26-27, ¿por qué la persona de la ilustración de Jesús pensaba que pertenecía al reino? ¿Por qué fue rechazado?

Jesús no estaba diciendo que *quería* que solo unos pocos confiaran en Él, sino que estaba reconociendo que muchos rechazarían su llamado. Habrá un momento en el que aquellos a quienes Él no conozca serán excluidos. La puerta estrecha se convertirá en una puerta cerrada en algún momento. Para cada persona hay una urgencia no solo de escuchar las palabras de Jesús, sino de realmente responder a ellas.

Segundo, Jesús habló sobre el reino en su respuesta, señalando una salvación que era mucho más grande que cualquier salvación terrenal.

4. En 13:29, ¿de dónde dijo Jesús que vendrían las personas al reino? ¿Qué daba a entender con eso?

Jesús mostró que personas de todo el mundo serían incluidas en el reino de Dios. No se trataba de nacionalidad o etnia, sino de conocerlo personalmente y poner la fe en Él. Ser de ascendencia gentil no significa exclusión, y ser de ascendencia judía no significa automáticamente inclusión. También señaló que los últimos serán los primeros, y los primeros serán los últimos. En otras palabras, el estatus y el poder no tienen peso en el reino de Dios. Todos tienen la misma oportunidad de conocer a Jesús y confiar en Él.

5. ¿Alguna vez te has sentido tentado a elevarte a ti mismo, incluso en tu propia mente, debido a la fe de tus ancestros (13:28), tu etnia (13:29-30), o incluso tu asistencia a la iglesia (13:26)? ¿Cómo pone el mensaje de Jesús esos pensamientos en su lugar adecuado?

6. **Repasa 13:31-35.**

Aunque Jesús habló duramente contra los fariseos en general, había algunos que tenían una relación amistosa con Él (ver 7:36). Mientras enseñaba, un grupo de fariseos llegó para advertirle que Herodes planeaba matarlo. Jesús sabía eso, por supuesto, y básicamente respondió: "Díganle que tengo un trabajo que hacer, y me aseguraré de que se haga".

Luego Jesús se lamentó por Jerusalén: esta ciudad había sido apartada por Dios como el centro de adoración para Israel, pero se había convertido en uno de los lugares más peligrosos para un verdadero profeta de Dios.

7. **Usando una herramienta de estudio, investiga qué evento estaba mencionando Jesús en 13:35.** ¿Ya ha sucedido o aún estamos esperando que suceda?

Jesús se lamentó por Jerusalén, anhelando reunir y proteger a su gente. Pero dijo que habría un día en que lo llamarían "bendito", profetizando sobre su entrada triunfal en Jerusalén, que ocurrió el Domingo de Ramos, poco después de que esta conversación tuviera lugar.

Incluso en el camino hacia su propia ejecución, instó a sus seguidores a arrepentirse y poner su fe en Él. Habló con urgencia y propósito mientras se dirigía hacia la cruz. Afortunadamente, la puerta estrecha todavía está abierta.

DÍA 5

LUCAS 14

LEE LUCAS 14

1. **Repasa 14:1-6.**

Hoy no es la primera vez que encontramos a Jesús sanando en el día de reposo (4:31-37; 6:6-11; 13:10-17). Las otras sanidades en el día de reposo que Lucas registró ocurrieron en sinagogas; pero esta vez Jesús sanó en la casa de un fariseo, ¡así que puedes apostar a que lo estaban observando de cerca! Como un hombre con hidropesía estaba sentado frente a Él, muchos eruditos creen que este hombre fue colocado allí por los fariseos en un intento de atrapar a Jesús. Es fascinante pensar que tal vez esperaban completamente que Él hiciera el milagro y aun así se negaban a creer en Él. Las señales y maravillas no cambian los corazones endurecidos.

No había ningún mandato que prohibiera sanar en el día de reposo, pero como hemos señalado antes, los fariseos añadieron sus propias tradiciones a las leyes de Dios. A Jesús le encantaba saltarse la "cerca" que los fariseos habían puesto alrededor de los mandamientos de Dios, pero no por arrogancia, sino porque las barreras de los fariseos representaban mal el corazón de Dios y oprimían al pueblo. ¡Imagina la insensibilidad que niega la sanidad a una persona necesitada solo por tratarse de cierto día de la semana!

2. ¿Qué es la *hidropesía*? **Haz una búsqueda en internet y escribe la definición a continuación.**

Sabiendo que lo estaban observando, Jesús hizo una pregunta a los intérpretes de la ley y los fariseos. No buscaba una respuesta, sino que usaba la pregunta para mostrar su hipocresía. Y al igual que vimos con una sanidad en el día de reposo más temprano esta semana (13:10-17), los fariseos no tenían respuesta. Jesús abordó el problema de sus corazones y mentes (su falta de lógica y compasión), sanó al hombre y lo envió por su camino. A diferencia de muchos relatos de sanidades, el texto nunca menciona que el hombre pidiera ser sanado o adorara a Jesús como respuesta.

3. ¿Qué piensas: fue el hombre una trampa de los fariseos? ¿Cómo te sentirías si fueras usado como parte de un complot contra un hombre que te sanó?

4. **Repasa 14:7-11.**

Después de esta experiencia, aparentemente Jesús tenía una audiencia cautiva. Comenzó a contarles a los invitados en la cena del fariseo parábolas sobre fiestas. La primera fue sobre un banquete de bodas. Los arreglos de los asientos revelaban prestigio y honor. El invitado más importante y honrado tenía un asiento particular en la mesa. La sabiduría de Jesús dice que no debemos suponer nuestro propio estatus, sino ser humildes y ocupar el rango más bajo.

5. En tus propias palabras, resume el mensaje de esta parábola.

6. Como recordatorio, ¿quién había sido sentado frente a Jesús en la fiesta?

7. **Repasa 14:12-14.**

Luego, se volteó hacia su anfitrión y describió un gran banquete. Pintó una imagen de recibir a los rechazados: aquellos que no tienen nada que ofrecer a cambio. En esta imagen Jesús nos mostró un retrato del corazón de Dios y nos dio la oportunidad de demostrar ese tipo de amor a los demás. Dijo que ese era el camino para ser verdaderamente bendecido.

Mientras hablaba, alguien en la mesa intervino: "¡Bienaventurado todo el que coma pan en el reino de Dios!" (v. 15). Tal vez eso fue un intento de refutación, porque Lucas registra la respuesta de Jesús sobre el reino. Dijo que los pobres son los que realmente entienden el reino y reciben la bendición del mismo.

8. **Repasa 14:15-24.** Completa la tabla siguiente con respecto a las tres razones que los invitados ricos dieron para no asistir al banquete.

Versículo	Excusa del invitado
14:18	
14:19	
14:20	

9. ¿Cómo resumirías estas tres respuestas?

A menudo, los pobres no tienen las mismas distracciones que los ricos, pero las vidas ocupadas de los ricos y conocidos superan las prioridades correctas. Todas estas excusas (tierra, posesiones y bendiciones relacionales) son bendiciones, pero esas bendiciones temporales se convierten en un problema cuando toman prioridad sobre las cosas eternas. Cuando los buenos dones de Dios nos distraen del Dador (Santiago 1:17), hemos perdido nuestro rumbo.

10. **Lee Marcos 4:18-19.** En esta parte de la parábola de los cuatro tipos de tierra, ¿qué ahoga el crecimiento de esta semilla en particular? ¿Qué te distrae más de pasar tiempo con Dios?

11. ¿Qué anhelaba el maestro en Lucas 14:23? ¿Qué revela esto sobre el corazón de Dios?

12. **Repasa 14:25-33.** ¿Hay algo que hayas tenido que dejar atrás para entregarte verdaderamente a Jesús? ¿Cómo fue esa experiencia para ti? ¿Crees que Él es digno del costo?

Como discípulos de Cristo, si no estamos usando nuestro nuevo estatus como hijos de Dios para ser sal y luz en el mundo (preservando, purificando, mejorando), Jesús dice que es inútil. Aunque parte de su lenguaje puede ser hiperbólico para enfatizar el punto, también es aclaratorio. Cuando entendemos la abrumadora bondad de ser invitados al reino de Dios, no podemos evitar arriesgarlo todo y compartir con otros lo que es caminar con Él, ¡porque Él es donde está el verdadero gozo!

13. ¿Qué es lo que más te impactó del estudio de esta semana? ¿Por qué?

14. ¿Qué aprendiste o recordaste acerca de Dios y su carácter esta semana?

DÍA 6

SALMO CORRESPONDIENTE Y ORACIÓN

LEE SALMOS 147

1. ¿Qué correlación ves entre Salmos 147 y el estudio de esta semana sobre Jesús como Salvador?

2. ¿Qué porciones de este salmo captan más tu atención?

3. Termina haciendo esta oración en voz alta:

Padre,

Tú conoces el número exacto de estrellas en el cielo; ¡tú las pusiste allí! Haces llover para que crezca la hierba y provees comida para que todos los seres vivos puedan comer. Tu poder y sabiduría son mayores de lo que podríamos comprender; sin embargo, tu corazón está con los vulnerables. Sanas a los quebrantados de corazón y levantas a los humildes. Es bueno y apropiado alabarte, ¡y yo lo hago!

Confieso que he tenido un temor insano hacia otras personas y sus opiniones, en lugar de un temor saludable hacia ti. No he creído en tu Hijo, quien dijo que es tu buena voluntad darnos el reino. He construido almacenes más grandes para amontonar mis recursos, o he querido hacerlo, en lugar de construir mesas más grandes para compartir mis bendiciones y mi fe.

Por favor, dame el valor para vivir mi fe en voz alta. Dame la fe que necesito para poner mis recursos (mi tiempo, energía, dinero y esperanza) en cosas que realmente importan. Muéstrame cómo pasar mi tiempo preparándome con anticipación y gozo para tu regreso. Vuelve, Señor.

Te rindo mi vida, Señor; en cada momento de mi día y cada decisión que tomo, cedo mi voluntad y mi camino a tu perfecta voluntad y camino.

Yo también te amo. Amén.

DÍA 7

DESCANSA, PONTE AL DÍA O PROFUNDIZA

RETO SEMANAL

En el día 1 preguntamos: "Si alguien hiciera una encuesta aleatoria a algunas personas en tu vida y les preguntara sobre tu relación con Jesús, ¿qué dirían?". Por lo tanto, ¡vamos a hacer eso! Ten conversaciones con tres personas en tu vida y pídeles que describan lo que saben sobre tu relación con Jesús. Una debería ser un amigo o familiar cercano, otra debería ser una persona que conoces superficialmente, y la tercera debería ser un amigo o familiar no cristiano. Intenta no ponerte a la defensiva ni enojarte. Solo escucha y aprende, e intenta por todos los medios ser amoroso con la otra persona. Toma notas sobre lo que dicen y planea aprender de esta experiencia.

VERSÍCULO PARA MEMORIZAR

Ha quitado a los poderosos de sus tronos; y ha exaltado a los humildes.
Lucas 1:52

SEMANA 7

Lucas 15-17:

Las ilustraciones del Salvador

LECTURA BÍBLICA DIARIA

Día 1: Lucas 15

Día 2: Lucas 16:1-18

Día 3: Lucas 16:19-31

Día 4: Lucas 17:1-10

Día 5: Lucas 17:11-37

Día 6: Salmos 103

Día 7: Para ponerte al día

Corresponde a los días 300 y 301 de *La sinopsis de la Biblia*

RETO SEMANAL

Ver la página 203 para más información.

DÍA 1

LUCAS 15

LEE LUCAS 15

Algunos teólogos se refieren a Lucas 15 como el Evangelio de los marginados, mientras que otros llaman al capítulo las Parábolas de la Alegría. Al aprender sobre cada una de las tres parábolas, dos de las cuales solo aparecen en Lucas, observa que el punto culminante de cada historia no es solo el regreso de lo que se había perdido, sino también la alegría por ello.

1. **Repasa 15:1-7.**

Mientras que los "recaudadores de impuestos y los pecadores" (15:1) seguían acercándose a Jesús, los fariseos y los escribas pasaban su tiempo murmurando sobre la compañía de Jesús. ¿Te suena familiar? Las personas que sabían que eran pecadores también sabían que necesitaban a Jesús, y debido a que Jesús las encontró, sus vidas fueron transformadas. Por lo tanto, cuando Jesús escuchó las quejas habituales de los fariseos, les contó tres parábolas sobre lo perdido que es hallado.

En la primera parábola, una oveja se perdió del resto de su rebaño. Cuando el pastor dejó el rebaño en el campo abierto, seguramente habría otros pastores que se encargaban de las ovejas. No estaba abandonando imprudentemente al noventa y nueve por ciento de sus ovejas para buscar el uno por ciento perdido. Estaba asegurando que todas sus ovejas fueran cuidadas mientras encontraba a la que se había perdido. El amor de Dios por nosotros es tanto colectivo como individual.

Cuando el pastor encontró la oveja perdida, podría haber estado herida o agotada. O tal vez el pastor solo necesitaba recordarle a la oveja que él las cuidaba. Cualquiera que fuera la razón, el pastor levantó la oveja y la llevó de regreso.

2. Completa los espacios en blanco con las palabras de Jesús en 15:7.

Les digo que de la misma manera, habrá más gozo en el cielo por un ______ que __ ________ que por noventa y nueve ________ que __ ___________ ____________________.

Jesús habló con ironía al dirigiéndose a los fariseos. Ellos no creían que estaban enfermos (5:31) o ciegos (6:39), y no creían que eran pecadores. Solo hay una persona que ha vivido en la tierra que no necesitaba arrepentimiento, y Él da la bienvenida a los pecadores arrepentidos con alegría.

Entonces, Jesús contó una historia sobre una moneda perdida y la mujer que la buscó incansablemente hasta encontrarla.

3. **Repasa 15:8-10.** ¿Qué hizo la mujer cuando encontró la moneda? ¿Cómo es eso similar a lo que sucede cuando un pecador se arrepiente?

4. **Repasa 15:11-16.**

Si ya has escuchado o leído la tercera parábola en el pasaje de la Escritura de hoy, habrás oído hacer referencia al hijo menor como "pródigo". Pero

Jesús nunca lo llamó así. Jesús describió lo que el hijo hizo; no lo nombró en función de sus pecados.

5. ¿Qué hizo el hijo menor? **Ahora busca la palabra pródigo en un diccionario.** ¿Cuáles son las dos definiciones principales?

6. **Repasa 15:17-24.**

Cuando el hijo regresaba a la casa, su padre, que debió haber estado buscándolo, lo vio "cuando todavía estaba lejos". El padre hizo algo indigno según las normas de su cultura: *corrió* hacia su hijo. Mientras el hijo recitaba el discurso que había preparado en su punto más bajo, su padre lo interrumpió. Pero no lo reprendió ni le dijo cuánto lo había herido; celebró porque su hijo perdido había sido encontrado. El hijo se arrepintió y regresó, y su padre se alegró.

El hijo menor ciertamente estaba perdido. Había demandado su herencia temprano, dejó atrás sus responsabilidades y malgastó la generosidad de su padre. Pero ¿y si el hijo mayor también estaba perdido?

7. **Repasa 15:25-32.** ¿Qué dijo el hijo mayor acerca de sí mismo? ¿Qué dijo acerca de su padre? ¿Qué dijo acerca de su hermano?

Lo que dijo el hermano mayor...		
Sobre sí mismo	Sobre su padre	Sobre su hermano

Cuando el hijo mayor se enteró de qué causaba la conmoción, se horrorizó. Le recordó al padre su propio historial impecable. Supuso lo peor sobre dónde había estado su hermano y con quién había pasado su tiempo. Se negó a reconocer siquiera a su hermano como un pariente, llamándolo "este hijo tuyo". Estaba tan atrapado en su propio sentido de creerse con derechos que no veía el milagro de la redención.

8. En el cuadro a continuación, anota la evidencia de cómo cada uno de los hijos del padre está perdido.

Hijo	Evidencia	Referencia(s) de la Escritura
Menor		
Mayor		

Parece que el hijo mayor también era un pródigo, desperdiciando la generosidad del padre. Y, a su manera, el padre cumple con la definición de pródigo: derrochando amor de manera extravagante sobre ambos hijos que no lo merecían.

Si alguna vez has leído estas parábolas y pensaste para ti mismo: *Es solo una oveja* o *Él tomó su decisión*, probablemente te identificas con el hijo mayor. Has estado en el campo, trabajando diligentemente todo el tiempo. Nadie te hizo una fiesta por los incansables días que trabajaste bajo el sol ardiente.

Sin embargo, cuando llegamos a comprenderlo, entendemos que aunque podamos *sentirnos* como el hijo mayor, también somos el hijo menor: pródigos desperdiciando la bondad de nuestro Padre, necesitados de un Salvador que nos encuentra, nos recibe y se *alegra* por nosotros. Al otro lado del arrepentimiento está la restauración y el gozo.

9. ¿Hay algo en tu vida de lo que tienes miedo de arrepentirte? ¿Hay una persona a la que podrías contactar que se alegraría contigo por tu arrepentimiento y restauración?

DÍA 2

LUCAS 16:1-18

LEE LUCAS 16:1-18

Hoy leemos una de las parábolas más difíciles de interpretar en Lucas, o quizás de todos los Evangelios. Como recordatorio, las parábolas generalmente enseñan una lección principal. No pretendemos crear múltiples niveles de significado aquí ni identificar paralelos directos para cada personaje y evento de la historia. No intentes hacerlo; solo te dejará confundido y frustrado.

1. **Repasa 16:1-9.**

En la parábola, un hombre rico descubrió que su administrador estaba malgastando su riqueza. Cuando el hombre rico lo confrontó, el administrador ni siquiera intentó defenderse. Era culpable. El administrador sabía que después de ser despedido, su dinero pronto se agotaría. Y fue entonces cuando su astucia entró en acción.

2. **Haz una búsqueda en internet para encontrar algunos sinónimos de *sagaz*.** Escribe dos sinónimos con una connotación negativa y dos con una connotación positiva.

3. ¿Cómo reaccionó el hombre rico ante las sagaces acciones de su futuro exadministrador?

a. Se enojó porque el administrador le había estafado con más dinero.
b. Se impresionó con el ingenio del administrador.
c. Estaba agradecido de que el administrador finalmente hiciera su trabajo.

Entonces, Jesús les dijo a sus discípulos el punto de su parábola: "Los hijos de este siglo son más sagaces en las relaciones con sus semejantes que los hijos de la luz" (16:8). Los mundanos eran más sabios en los asuntos terrenales que los discípulos en los asuntos eternos. Jesús quería que fijaran su mirada en la eternidad.

4. **Ahora lee a continuación el v. 16:9 en la NTV.** Luego resume la lección de Jesús para sus discípulos.

> "Aquí está la lección: usen sus recursos mundanos para beneficiar a otros y para hacer amigos. Entonces, cuando esas posesiones se acaben, ellos les darán la bienvenida a un hogar eterno".

5. **Repasa 16:10-13.**

El dinero no siempre es un ídolo, pero puede serlo. No podemos servir al dinero y servir a Dios al mismo tiempo. Todo lo que tenemos es de Él y le pertenece. Cuando somos generosos con lo que Él nos ha dado, sin importar cuánto tengamos, usamos el dinero para servir a Dios. No podemos usar el dinero para comprar nuestra entrada al reino de Dios, pero *podemos* usarlo para mostrar destellos del reino aquí en la tierra.

6. ¿Cómo te ayuda la generosidad a confiar más en Dios? ¿Cómo pueden causar un impacto eterno las inversiones terrenales?

7. **Repasa 16:14-17.** ¿Quién escuchó la parábola del administrador deshonesto? ¿Cómo respondieron?

Jesús estaba enseñando a sus discípulos, pero, por supuesto, sabía que su audiencia incluía a sus críticos. Los fariseos pensaban que su dinero era una señal de que Dios estaba complacido con ellos, aunque obtenían el dinero oprimiendo a los vulnerables (Mateo 23). Aun así, cuando escucharon las palabras de Jesús se burlaron de Él.

8. **Consulta 16:15 en varias traducciones de la Biblia.** En tus propias palabras, resume lo que Jesús les dijo a los fariseos.

Los fariseos a menudo citaban la Escritura a Jesús, acusándolo falsamente de quebrantar una ley u otra. Pero Jesús les dijo que no había venido a tirar todo el antiguo sistema a la basura. No anuló la ley; la cumplió.

9. **Lee 16:16 en la NTV a continuación.** ¿Qué estaba anunciando JEB?

> La ley y los profetas se proclamaron hasta Juan; desde entonces se anuncian las buenas nuevas del reino de Dios, y todos se esfuerzan por entrar en él.

Aunque los fariseos se negaron a creerlo, el Salvador que el pueblo de Dios había estado esperando desde el principio de los tiempos ya estaba aquí. Él trajo consigo buenas noticias sobre el reino de Dios. Cumplió las profecías del Antiguo Testamento *y* cumplió la ley.

10. **Busca los siguientes pasajes.** Luego dibuja una línea que relacione cada profecía o ley con la manera en que Jesús la cumplió.

Pasaje	Cómo Jesús lo cumplió
Éxodo 12:1-11	Él fue el descendiente de David que reinaría para siempre.
2 Samuel 7:12-13	Él fue el sacrificio que expió nuestro pecado.
Levítico 16:29-34	Él fue el Cordero de la Pascua.

11. Escribe una oración de agradecimiento por las maneras en que Jesús cumplió la ley y los profetas.

12. **Repasa 16:18.**

Para ilustrar su punto acerca de no anular la ley, Jesús dio un ejemplo de cómo honrarla. Moisés les dio a los israelitas el permiso de Dios para el divorcio (Deuteronomio 24:1-4). Había ejemplos complicados en las instrucciones de Moisés, pero en el relato de Lucas, Jesús señaló al matrimonio como un ejemplo sagrado de cómo la ley no estaba desapareciendo.

Jesús elevó la ley. Nunca la disminuyó ni le restó algo. Cuando habló de la ley, Él elevó el estándar y señaló al estado de nuestros corazones. Ninguno de nosotros ha cumplido la ley perfectamente. ¡Alabado sea Dios por darnos un Salvador que cumplió la ley en nuestro lugar!

DÍA 3

LUCAS 16:19-31

LEE LUCAS 16:19-31

Recuerda que Jesús había estado enseñando a sus discípulos cuando los fariseos lo interrumpieron. Comenzó a dirigirse directamente a ellos, y es ahí donde continuamos hoy. Jesús siguió hablando con los fariseos, concluyendo su tema sobre cómo usamos nuestro dinero y nuestros recursos aquí en la tierra.

La historia que les contó a menudo se conoce como una parábola, pero no encaja del todo en las calificaciones. Lo más notable es que algunos de los personajes principales son nombrados. Así que es posible que esto no fuera una parábola, sino más bien una historia sobre personas reales y eventos reales.

Jesús presentó una escena detallada de un hombre rico vestido con ropas lujosas y comiendo comida rica, mientras que otro hombre, Lázaro, yacía en la puerta de su casa, desamparado. Tenía tan poca fuerza en su cuerpo enfermo que ni siquiera podía ahuyentar a los perros callejeros que trataban sus úlceras abiertas como si fueran comida. Finalmente, llegó el alivio para el hombre pobre.

1. ¿Qué le sucedió a Lázaro después de su muerte?

Los fariseos habrían creído que estar al lado de Abraham era el mejor destino eterno posible, por eso, les habría desconcertado que este hombre pobre (quien ellos suponían que había pecado y por eso sufría) estuviera en este lugar tan estimado después de su muerte. Aún más desconcertante fue que el hombre rico (la persona con la que los fariseos más se identificaban en la historia de Jesús) tuviera un destino diferente.

2. **Usando diccionarios hebreos y griegos, define las siguientes palabras:**

- Seol (Hebreo) —
- Hades (Griego) —

En los dos idiomas principales originales de la Biblia, estas palabras tienen significados similares: un destino después de la muerte. Tanto Lázaro como el hombre rico eran conscientes de su ubicación después de la muerte, así como los creyentes y los no creyentes serán conscientes de su eternidad, ya sea de bendición o de sufrimiento.

3. Completa el cuadro siguiente según 16:25.

Persona	¿Qué recibió en la vida?		¿Qué recibió tras la muerte?
Rico		"...pero ahora..."	
Lázaro			

Hay un gran abismo una vez que llegamos a nuestro destino eterno. Cuando morimos, no hay una sala de espera. No hay opción para una segunda oportunidad. Solo hay eternidad. A la luz de esto, el hombre rico quería advertir a sus hermanos para que no tuvieran el mismo destino que él. Pensaba que creerían la verdad de un hombre que había resucitado de entre los muertos, pero Abraham sabía que no era así.

4. En 16:31, ¿por qué Abraham negó la petición del hombre rico?

Tenemos un Salvador que resucitó de entre los muertos y, sin embargo, hubo y aún hay incrédulos. Ni siquiera un milagro que desafía la biología y altera la historia ablanda los corazones más duros. No serán convencidos, pero rechazan a Cristo bajo su propio riesgo.

5. **Lee Juan 3:36 a continuación y completa los espacios en blanco.**

El que ______ en el Hijo tiene ______ eterna; pero el que no obedece al Hijo ______ verá la vida, sino que ______ ______ ______ ______ permanece sobre él.

Como hemos dicho, la generosidad y las buenas obras no son requisitos para la vida eterna, pero son características de un corazón transformado. El hombre rico no fue condenado por su riqueza; después de todo, Abraham era rico, teniendo cientos de siervos en su casa, pero Lázaro lo encontró en el cielo. El hombre rico fue condenado por su corazón falto de arrepentimiento. La urgente advertencia de Jesús a los fariseos faltos de arrepentimiento fue clara: arrepiéntanse, crean y vivan su fe. Pero sus corazones estaban endurecidos.

6. ¿Algo en la lectura de hoy desafió tus pensamientos sobre la vida después de la muerte?

DÍA 4

LUCAS 17:1-10

LEE LUCAS 17:1-10

Como hemos visto previamente en Lucas, los temas de hoy probablemente están secuenciados de manera temática más que cronológica. Mientras estudias los tres temas de hoy, desafíate a encontrar un tema común.

1. **Repasa Lucas 17:1-4.** ¿A quién le estaba hablando Jesús? ¿De quién estaba hablando Jesús?

Al enseñar a sus seguidores sus caminos, los fariseos estaban perpetuando un sistema corrupto de liderazgo, asegurándose de que los vulnerables continuaran siendo ignorados o abusados. Los maestros y líderes tienen una responsabilidad adicional en el reino de Dios.

2. **Lee Santiago 3:1.** ¿Qué advertencia hace Santiago a los maestros?

Jesús fue más allá en su advertencia, ilustrando su punto con un ejemplo que sus oyentes habrían conocido. Una piedra de molino se usaba para moler, y dependiendo de lo que se estuviera moliendo, podía pesar desde decenas hasta cientos de kilos. Era tan pesada que se giraba con un burro o bueyes caminando en círculos alrededor de una pista. Todo esto para decir que Jesús no estaba hablando aquí de una piedra pequeña. Dijo que atarse esa gigantesca piedra al cuello y ser arrojado al mar era mejor que ser la causa del pecado de un nuevo creyente.

Entonces, Jesús dio a sus discípulos una exhortación breve y poderosa.

3. Escribe las dos primeras palabras de Lucas 17:3. ¿Qué les dijo Jesús a sus discípulos que hicieran antes de dar instrucciones sobre reprender a un hermano? ¿Por qué crees que lo hizo?

Una reprensión es una fuerte carga de desaprobación. A diferencia de lo que muchos *afirman* hacer en los hilos de comentarios en redes sociales, una reprensión *no* es una oportunidad para humillar a otro portador de la imagen de Dios. Es un intento de llamar a alguien al arrepentimiento, girando 180 grados lejos del pecado y hacia Dios, con la esperanza de anticipar una restauración de la comunión con Dios y los demás creyentes.

4. Completa el diagrama de flujo según 17:3.

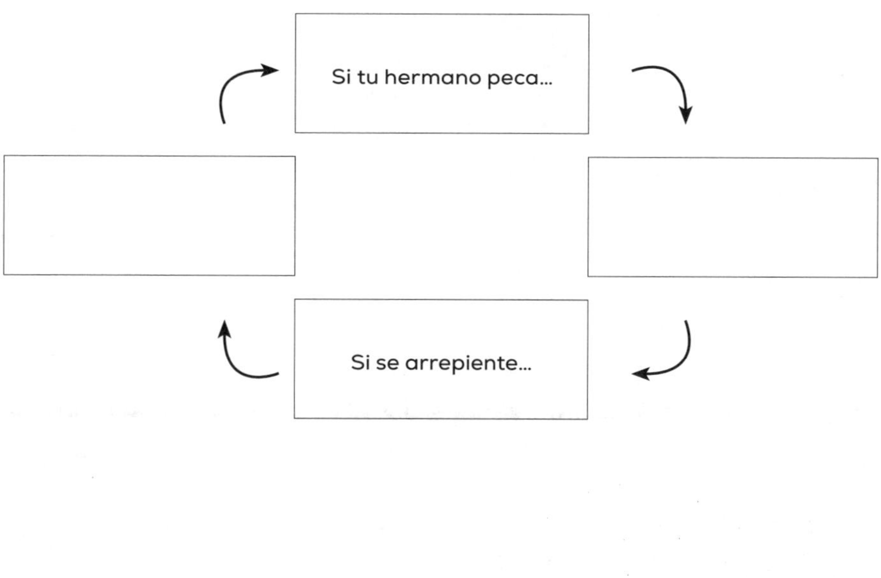

La reprensión debe ir acompañada de tu propia disposición a perdonar, y la respuesta correcta al arrepentimiento es el perdón. Jesús dijo que si esa persona se arrepiente, *debemos* perdonarla. Para que eso ocurra, debemos llevar en nuestro corazón la disposición e incluso el deseo de perdonarla. El perdón no significa una reconciliación automática o una restauración de la relación, pero sí inicia el camino hacia ese propósito. Solo Dios puede ablandar nuestros corazones y darnos la capacidad de perdonar, incluso cuando hemos sido ofendidos. Y solo Él nos da la capacidad de reprender con justicia a alguien mientras nos preparamos al mismo tiempo para la oportunidad de perdonarlo con humildad.

5. **Repasa 17:5-6.** ¿Cómo respondieron los apóstoles a las enseñanzas de Jesús?

Jesús aseguró a los discípulos que no es el *tamaño* de su fe lo que importa más, sino el *objeto* en el que ponen su fe (ver Juan 15:7). Incluso una pequeña cantidad de fe bien colocada puede tener resultados extraordinarios. Es la calidad de la fuente de la fe, no la cantidad de la fe en sí misma, lo que hace la diferencia.

6. ¿Has visto una gran cantidad de fe mal colocada (ya sea tuya o de alguien más) conducir al desconsuelo?

7. **Repasa 17:7-10.**

Jesús entonces enseñó sobre el deber de los siervos. Es importante recordar que no todo en la Biblia es *prescriptivo*; a veces es *descriptivo*. Esto significa que en algunas ocasiones nos dice lo que debemos hacer, y en otras nos describe la realidad de lo que está ocurriendo. Jesús no estaba aprobando la servidumbre, sino pintando un cuadro que sus discípulos entenderían fácilmente: un siervo cumpliendo con sus deberes.

8. **Usando un diccionario de griego, busca el significado de achreios, la palabra usada para describir cómo los siervos deben referirse a sí mismos (17:10).** ¿Qué significa?

La mayoría de las traducciones al español traducen la palabra como "inútiles", pero "indignos" daría una mejor idea del significado aquí. A pesar de lo que puedan decir los gurús de las redes sociales, ciertamente somos siervos indignos. Por ejemplo, 1 Corintios 4:7 pregunta: "¿Qué tienes que no recibiste?". Dios no nos debe nada, y sin embargo nos ha dado todo lo que tenemos. Somos indignos de su amor, pero aun así lo ha derramado abundantemente sobre nosotros. Dios nunca nos llama a pensar *mal* de nosotros mismos, sino a tener una visión *correcta* de nosotros mismos. Cuando tenemos una perspectiva correcta de quiénes somos y del amor abundante de Dios, nuestros corazones se llenan de humildad y adoración.

9. En palabras de Jesús, presta atención a ti mismo. Escribe una oración confesando cómo has sido un siervo indigno. Pídele que te muestre cómo soltar lo que crees merecer.

DÍA 5

LUCAS 17:11-37

LEE LUCAS 17:11-37

1. **Repasa 17:11-19.** ¿A dónde se dirigía Jesús?

2. **Repasa 9:51 y 13:22.** ¿Qué observas?

Ya hemos leído esto antes, pero debido a que el relato de Lucas no es cronológico, lo estamos cubriendo nuevamente. En las últimas semanas de su vida, Jesús se dirigió de regreso a Jerusalén, que era mucho más que un destino físico. Fue allí para sufrir. Para morir. Para ser sepultado. Para resucitar. Para cargar con la ira por los pecados de toda la humanidad y ofrecer vida eterna a todos los que creyeran. En Jerusalén, nuestro Salvador cambió por completo el curso de la historia humana.

En su camino, se encontró con diez leprosos. Ellos se mantuvieron a distancia, alzando sus voces para pedir ayuda.

3. Completa el cuadro siguiente según 17:14.

Lo que dijo Jesús	Lo que hicieron los leprosos

Los diez leprosos demostraron fe. Obedecieron a Jesús *antes* de ser sanados, caminando para mostrarse a los sacerdotes cuando la lepra no había desaparecido todavía; pero solo uno demostró gratitud.

4. ¿Qué hizo uno de los leprosos de modo diferente?

Anteriormente en el Evangelio de Lucas, Jesús contó esta historia: "Muchos leprosos había en Israel en tiempos del profeta Eliseo, pero ninguno de ellos fue limpiado, sino Naamán el sirio" (4:27). El pueblo de Dios había rechazado al profeta Eliseo, por lo que Eliseo sanó a Naamán, quien notablemente era un gentil. Al igual que Eliseo, Jesús (el Profeta que *cumplió* las profecías) también encontró a muchos leprosos. Aquí, a diferencia de Eliseo, Él los sanó a todos. Sabía que solo uno regresaría para alabarle, y aun así les dio a todos el regalo de la salud. Los diez fueron limpiados, pero solo uno de ellos fue verdaderamente *sanado*. La sanidad del samaritano no fue solo física; fue eterna.

5. **En un diccionario de griego, busca las palabras *sanado* (17:15) y *salvado* (17:19).** ¿Qué observas?

Nosotros, los cristianos gentiles, somos como el leproso samaritano. Nos estábamos pudriendo a causa de la enfermedad de nuestro propio pecado, pero Jesús nos sanó. La gratitud es la respuesta correcta a todo lo que Dios nos da. Y una gratitud genuina nos lleva a alabar.

6. Escribe una oración de acción de gracias y alabanza a Dios por sanarte físicamente o por hacerlo espiritualmente.

7. **Repasa 17:20-37.**

Los fariseos regresaron y preguntaron a Jesús cuándo vendría el reino de Dios. Buscaban señales y maravillas que marcaran la llegada dramática de un gran líder político o militar que los liberara de la opresión de Roma.

8. Completa los espacios de 17:21:

Porque, el reino de Dios está _________ _______________.

En lugar de "entre ustedes", algunas traducciones de la Biblia dicen "dentro de ustedes". Aunque esta es una traducción literal precisa de la palabra griega, el significado puede ser confuso. Jesús no les estaba diciendo a los fariseos que tenían el Espíritu Santo (y ciertamente no les estaba diciendo que eran dioses, como algunos tergiversan sus palabras). Él les decía que estaba justo allí, entre ellos, revelando el reino de Dios. Pero se negaron a verlo.

9. Jesús explicó que el reino de Dios llegaría mientras las personas vivían sus vidas normales. ¿Cuáles son los dos ejemplos del Antiguo Testamento que dio?

- 17:27 —

- 17:28-29 —

10. ¿Cuáles son los dos ejemplos universales que Jesús dio en 17:31?

- ______________________________

- ______________________________

Los fariseos preguntaron a Jesús cuándo vendría el reino. Luego los discípulos preguntaron dónde vendría. Como solía hacerlo, Jesús no respondió directamente ninguna pregunta, pero al mismo tiempo respondió ambas.

11. **Busca 17:37 en una Biblia de estudio o comentario.** ¿Qué quiso decir Jesús sobre el cadáver y los buitres?

El reino de Dios ha venido y está por llegar. El reino de Dios está aquí y allá. No pases tus días buscando señales o una línea de tiempo. Pasa tus días preparando tu corazón: en oración, en la Palabra, compartiendo las buenas nuevas con otros. ¡Él viene de nuevo, y para quienes le conocen, la gloria eterna les espera! ¡Él es donde está el gozo!

12. ¿Qué es lo que más te impactó del estudio de esta semana? ¿Por qué?

13. ¿Qué aprendiste o recordaste acerca de Dios y su carácter esta semana?

DÍA 6

SALMO CORRESPONDIENTE Y ORACIÓN

LEE SALMOS 103

1. ¿Qué correlación ves entre Salmos 103 y el estudio de esta semana sobre Jesús como Salvador?

2. ¿Qué porciones de este salmo captan más tu atención?

3. Termina haciendo esta oración en voz alta:

Padre,

Tú perdonas, sanas, redimes y me satisfaces. Eres muy paciente conmigo. Me coronas con amor inagotable y misericordia. ¡Es justo que bendiga tu nombre y hable a otros sobre tu bondad!

Como el hijo menor en la parábola, he malgastado tu abundante generosidad. Y como el hijo mayor, he dejado que mi enojo, y sentirme con derecho, me cieguen al milagro de la misericordia. Como el padre hizo por ambos hijos, y como tú lo hiciste por David, muéstrame tu compasión.

He reprendido a otros sin intención de perdonarlos. He visto a mi prójimo en necesidad sin ni siquiera detenerme a orar por él. He retenido compasión y generosidad. Perdóname, Señor.

Soy tu siervo indigno. Enséñame a obedecerte con humilde asombro, en lugar de hacerlo por obligación resentida. Dame oportunidades para mostrar compasión a mi prójimo, tal como tú lo has hecho conmigo. Muéstrame cómo quieres que invierta los recursos que me has dado aquí en la tierra. Recuérdame las veces que sea necesario que, a fin de cuentas, todo es tuyo.

Te rindo mi vida, Señor; en cada momento de mi día y cada decisión que tome, someto mi voluntad y mi camino a tu perfecta voluntad y camino.

Yo también te amo. Amén.

DÍA 7

DESCANSA, PONTE AL DÍA O PROFUNDIZA

RETO SEMANAL

Un tema recurrente en Lucas 16–17 es el valor de mostrar el reino de Dios de maneras prácticas y fieles. Desde donaciones a ministerios y misioneros, hasta horas de voluntariado en un refugio local, cada pequeño acto de vivir nuestra fe de manera práctica demuestra una visión correcta de Dios y de lo que Él nos ha dado. Esta semana, ora por la guía de Dios para hacer una inversión terrenal, ya sea de tiempo o dinero, con el potencial de tener un impacto eterno.

VERSÍCULO PARA MEMORIZAR

A los hambrientos ha colmado de bienes y ha despedido a los ricos con las manos vacías.
Lucas 1:53

SEMANA 8

Lucas 18-20:

El carácter del Salvador

LECTURA BÍBLICA DIARIA

Día 1: Lucas 18

Día 2: Lucas 19:1-27

Día 3: Lucas 19:28-48

Día 4: Lucas 20:1-26

Día 5: Lucas 20:27-47

Día 6: Salmos 81

Día 7: Para ponerte al día

Corresponde a los días 303, 306 y 309 de *La sinopsis de la Biblia*

RETO SEMANAL

Ver la página 229 para más información.

DÍA 1

LUCAS 18

LEE LUCAS 18

Jesús continuó enseñando a la multitud utilizando uno de sus métodos favoritos: las parábolas. Podemos sentir la tentación de darle una docena de significados o analogías a estas historias simbólicas, pero es importante mantener el contexto en mente para entender lo que Jesús realmente quería decir.

1. **Repasa 18:1-8.** ¿Cuál es el punto principal que Jesús estaba comunicando?

a. Dios es un juez justo.
b. Irritamos a Dios con nuestras muchas peticiones.
c. Dios quiere que hablemos con Él acerca de nuestros deseos.
d. Dios es reacio a responder nuestras oraciones.

En esta historia, la mujer tuvo que superar la renuencia del juez mundano a ayudarla. De la misma manera, podemos sentirnos agotados en oración y ser tentados a creer la mentira de que Dios no está dispuesto a responder a nuestras súplicas. Cuando pensamos así, perdemos completamente el punto de la historia.

2. Usando las opciones a continuación, compara el carácter del juez con el carácter de Dios. Subraya las características del juez. Rodea las características de Dios.

Injusto

Le gusta responder a las peticiones para el bien de las personas

Justo

No le interesa la viuda

Profundo amor por sus hijos

Contestó a la petición por interés propio

Jesús dio instrucciones para orar de manera persistente. Él oró "diciendo las mismas palabras" (Marcos 14:39), y Pablo oró una oración repetida (2 Corintios 12:8). A Dios no le molesta que pidamos repetidamente. Ten cuidado de no creer la mentira de que eres una molestia para tu Salvador.

3. **Repasa 18:9-14.**

En la siguiente parábola, Jesús abordó la actitud de nuestro corazón al orar. Él quiere que le hagamos saber nuestras peticiones (Filipenses 4:6), y también le importa nuestros motivos cuando lo hacemos. El fariseo confiaba en su estatus y sus buenas obras, mientras que el recaudador de impuestos reconoció su necesidad desesperada de Dios. "Todo el que se engrandece será humillado, pero el que se humilla será engrandecido" (18:14). Este concepto de pedir humildemente se repite a lo largo de la Escritura.

4. **Busca los versículos siguientes y llena el cuadro.**

Versículo	¿Quién lo dijo?	¿Qué dijeron?
Proverbios 3:34		
1 Pedro 5:6		
Santiago 4:6		

5. Toma un momento para evaluar la actitud de tu corazón cuando oras. ¿Sientes que mereces un "sí" de Dios por tus buenas obras? ¿Estás desesperado por que se haga su voluntad? Usa la Escritura para apoyar tu respuesta.

6. **Repasa 18:15-17.**

En los días de Jesús era costumbre que las mamás llevaran a sus bebés de un año a un rabino (un maestro) para recibir una bendición. En este día, un grupo de mamás llegó con sus pequeños para recibir una bendición de Jesús. Los discípulos los reprendieron, pero Jesús les dijo a los padres que se acercaran y corrigió a las multitudes por la actitud de su corazón.

7. Escribe las palabras de Jesús en 18:16-17.

Por nosotros mismos no aportamos nada a Dios para obtener nuestra salvación. Somos tan dependientes de Jesús como los niños pequeños con pañales que lloran para que los cambien. En nuestra niñez, tal vez ni siquiera entendemos completamente sus palabras, pero somos impactados por su toque. Jesús dice que debemos ser humildes y dependientes para entrar en su reino.

8. ¿Qué desafíos te hacen darte cuenta de tu necesidad de Jesús? ¿En qué áreas estás tentado a abandonar la niñez y la postura dependiente delante de Dios?

9. **Repasa 18:18-30.**

Al escuchar estas palabras, un hombre rico con autoridad preguntó qué podía hacer para ganar la vida eterna. Es fácil hacer la afirmación de que Dios odia el dinero, y algunos han enseñado que es más justo ser pobre que rico, pero ninguna de las dos cosas es cierta. Dios aborrece cuando amamos el dinero más que a Él (1 Timoteo 6:9-10). Él vio la actitud de corazón del rico gobernante y lo desafió a soltar la única cosa que sostenía con un puño cerrado. Abraham, David, Zaqueo y José de Arimatea son solo algunos de los hombres ricos mencionados en la Escritura que eligieron poner a Dios primero a pesar de su riqueza. Jesús concluyó la conversación diciéndoles que aquellos que sostienen las prioridades terrenales más libremente que las prioridades del reino serán recompensados tanto ahora como por toda la eternidad. Cuando vivimos con las manos abiertas, ¡podemos tener nuestra mejor vida con Él ahora, *y* una vida aún mejor con Él para siempre!

10. ¿Hay algo que sientes que Dios te está impulsando a soltar? Si es así, ¿qué es? ¿Y qué pasos de obediencia y rendición de cuentas puedes tomar en esta área?

11. **Repasa 18:31-43.**

Después de esto, Jesús y los doce caminaron por su cuenta, y les dijo —por tercera vez— que sería maltratado, muerto, y resucitaría al tercer día. Ellos escucharon con los dos oídos, pero no tenían los ojos para ver el panorama completo. Mientras Jesús seguía caminando entre sus discípulos espiritualmente ciegos, encontraron a un hombre que era físicamente ciego y estaba desesperado por sanidad. Solo Dios puede darnos los ojos espirituales para entender su corazón, y solo Él tiene el poder para sanar enfermedades físicas con una palabra.

12. **Repasa 18:42 y 17:5.** ¿Cómo impacta tu fe en tus oraciones? Escribe dos peticiones de oración que parezcan imposibles, tal vez incluyendo una oración por crecimiento espiritual y una oración por una necesidad física o un deseo personal que se cumpla. Mientras oras, pide a Dios que aumente tu fe.

DÍA 2

LUCAS 19:1-27

LEE LUCAS 19:1-27

1. **Repasa 19:1-10.**

Zaqueo sabía que Jesús estaba en la ciudad, y estaba decidido a ver al que tenía la reputación de ser amigo de los pecadores y de los recaudadores de impuestos. Zaqueo podría haber deseado un amigo o podría haber sentido curiosidad acerca del Mesías. Sabemos por sus acciones que estaba desesperado por encontrarse con Jesús. Corrió para adelantarse a la multitud, y debido a su pequeña estatura, trepó a un árbol para poder ver. Levantarse la túnica y correr se consideraba un acto vergonzoso en esta cultura. Hoy en día sería como si un hombre adulto corriera por la calle usando solo calzoncillos. Parece que Zaqueo no pensaba en su estatus o reputación; solo pensaba en un posible encuentro con el Salvador.

2. ¿Cómo se dirigió Jesús a Zaqueo en 19:5? ¿Por qué podría ser importante o significativo? Usa un diccionario bíblico u otro recurso para buscar el significado del nombre Zaqueo.

Jesús no dijo, "¡Eh, pequeño!", ni "¡Oye, tú, en el árbol!". En vez de eso, llamó por su nombre al principal recaudador de impuestos. Es posible que nunca se hubieran encontrado antes, lo cual agrega intriga. Jesús sabía la importancia de un nombre, y Juan 10:3 dice que Él llama a sus ovejas por su nombre y las guía. Jesús gritó: "¡Zaqueo!" que significa "puro, inocente", un nombre probablemente dado por sus padres y un nombre del que no había estado a la altura, ya que pasó su vida adulta engañando a las personas y manejando el dinero de manera corrupta.

3. Completa los espacios en blanco de 19:6, 8.

[Zaqueo] ___ ________ a descender y lo recibió [a Jesús] ___ ________...Pero Zaqueo, puesto en pie, dijo a Jesús: "Señor, ___ ________ de mis bienes daré a los pobres, y si en algo he defraudado a alguien, se lo ____________ ____________".

Zaqueo corrió hacia Jesús con alegría. Frente a una multitud que murmuraba, el recaudador de impuestos anunció que el dinero no era el rey de su vida y que devolvería cuadruplicado todo lo que había tomado de manera injusta. Con un corazón arrepentido, comenzó a caminar conforme a la identidad de su nombre: puro, inocente. ¡Solo en Cristo podría suceder esto!

4. ¿Cuál es tu reacción natural cuando Jesús hace una obra drástica en el corazón de una persona malvada? ¿Celebras? ¿Murmuras? ¿Dudas? ¿Te regocijas? ¿Por qué?

Jesús le dijo a la multitud que Zaqueo, de hecho, había encontrado la salvación. Y les anunció a todos que Él, el Hijo del Hombre, vino a buscar y salvar a los perdidos. Esto es similar a sus palabras en 5:31-32, donde Jesús dijo que vino a llamar a los pecadores (los enfermos) y no a los justos (los sanos).

5. **Repasa 19:11-27 y completa la tabla a continuación.**

Siervo	Ganancia de la inversión	Resultado
Primero		
Segundo		
Tercero		

6. ¿Quiénes eran los siervos? ¿Los ciudadanos? ¿Los enemigos? **Usa una Biblia de estudio como ayuda.**

Recuerda que una parábola es una historia con un solo punto principal. Jesús eligió contar esta historia mientras se acercaba a Jerusalén. Sabía que su tiempo en la tierra estaba a punto de terminar. Esta historia es significativa porque Jesús les estaba diciendo a sus seguidores que fueran buenos mayordomos de la riqueza (el evangelio) que se les había dado.

Los dos primeros siervos confiaron en el carácter del noble y, por lo tanto, hicieron lo que él les dijo. Se involucraron en los negocios y vieron una ganancia, y se les confió más. El tercer siervo fue desobediente y acusó erróneamente al noble de maldad. Claramente, no tenía una visión precisa del carácter del noble. Fue corregido y castigado por no haber hecho más con lo que se le dio. Los ciudadanos que odiaban al noble (19:14) fueron llamados sus enemigos cuando él regresó (19:27), y su castigo final fue la muerte.

7. Si se te ha dado el evangelio de Jesús, se te ha confiado lo más valioso de la tierra. ¿Cómo influye tu visión de Dios en la manera en que estás administrando lo que Él te ha dado?

DÍA 3

LUCAS 19:28-48

LEE LUCAS 19:28-48

La ubicación exacta de Betfagé es debatida entre los eruditos, pero muchos creen que estaba en el borde más exterior de la ciudad de Jerusalén, a unos 800 metros del centro de la ciudad. Betania era su propio pequeño pueblo cercano, a unos tres kilómetros y medio al sureste de Jerusalén. (Nota: el Monte Olivete y el Monte de los Olivos son referencias al mismo lugar).

1. **Repasa 19:28-40.**

Los dos discípulos fueron obedientes a la tarea que Jesús les asignó y fueron a buscar el pollino que Él había solicitado. Haz una pausa y considera lo que estos hombres podrían haber pensado. Muchos creían que Jesús iba a entrar triunfalmente en la ciudad y derrocar el opresivo dominio romano. Los héroes de guerra no desfilan sobre un animal pequeño; montan un caballo fuerte. ¡Imagínate a un general rechazando un todoterreno por una *scooter* eléctrica! ¡Va en contra de la lógica! El plan de Jesús para salvar a la humanidad era muy diferente de lo que sus seguidores imaginaban. Él sabía que era el Salvador enviado en cumplimiento de la profecía del Antiguo Testamento (Zacarías 9:9), por lo que montó un pollino y comenzó su entrada en la ciudad.

2. **Busca la versión de este relato en Mateo 21:1-10. Usa un diccionario bíblico y escribe la definición de la palabra *hosanna*.**

Mientras Jesús entraba en la ciudad, la multitud pedía ayuda. Estaban clamando en adoración al único que creían que los salvaría. Comprendían correctamente que Él era capaz, pero muchos malinterpretaron lo que implicaba salvar. El Salvador no vino para liberarlos de la opresión política, sino para rescatarlos a un reino que reinaría para siempre.

Los fariseos querían que Jesús callara a las multitudes, pero Él dijo que, aunque la gente presente guardara silencio, la alabanza seguiría abundando. Jesús montaba el pollino bajando del Monte de los Olivos, que ha estado cubierto de lápidas por miles de años. Se calcula que hay hasta 150 000 tumbas en esa colina, la mayoría sobre el suelo, con marcadores de piedra caliza. En este contexto, es probable que Jesús estuviera utilizando los alrededores inmediatos en su enseñanza, como solía hacer. Es fácil imaginarlo señalando hacia las tumbas y diciendo básicamente: "Incluso si los vivos dejan de alabarme, las almas de los muertos me alabarán en su lugar. Mis alabanzas existirán para siempre, sin importar lo que pase".

3. Imagina que eres uno de los miembros de la multitud ese día. Escribe la frase que habrías gritado mientras Jesús pasaba. ¿Qué es lo que más anhelas? ¿Cómo se satisface este anhelo en la obra salvadora de Jesús?

4. **Repasa 19:41-44.**

Después, Jesús llegó a un lugar desde donde podía ver toda la ciudad. Y con esa vista, lloró por el estado de Jerusalén. Esta no fue la primera vez que Jesús se entristeció por Israel (recuerda 13:6-9, donde el jardinero que cuidaba el árbol infructuoso quería darle más tiempo para que diera fruto). Jesús estaba comprometido a enseñar la verdad, sanar a los enfermos y echar fuera demonios. Fue fiel en fertilizar la tierra y atender el árbol. Y cuando enfrentó el rechazo de los líderes religiosos, Jesús se enojó y se entristeció por la dureza de sus corazones (Marcos 3:5). Jesús, conociendo la Escritura, sabía perfectamente lo que le esperaba.

5. **Usa una Biblia y una herramienta de estudio bíblico para completar el cuadro a continuación.**

Escritura	Profecía	Cumplimiento
Isaías 6:10		
Miqueas 3:12		

Recuerda que el rechazo de Jesús confirmó el plan de Dios; no lo destruyó. Y sabe que la destrucción de Jerusalén en el año 70 d. C. no tomó a Dios por sorpresa. Él es soberano, y tiene el control de todo lo maravilloso y todo lo difícil.

Cuando Jesús llegó al templo, estaba tan furioso que tejió un látigo y comenzó a volcar mesas (Juan 2:15).

6. Completa los espacios de su declaración en 19:46.

"Mi casa será ______ de __________ pero ustedes la han hecho __________ de __________".

Jesús no los echó porque estuvieran vendiendo aceites esenciales o bebidas energéticas en el atrio. Estaba furioso porque estos mercaderes se aprovechaban de los peregrinos que llegaban a hacer ofrendas, subiendo los precios de los animales para los sacrificios o manipulando injustamente las tasas de cambio cuando la gente necesitaba cambiar su dinero para una ofrenda. El mismo lugar que representaba la generosidad de Dios al acercarse a la humanidad estaba siendo utilizado para estafar, explotar y oprimir.

Mientras Jesús destruía la maldad en el templo, los líderes religiosos solo pensaban en destruirlo a Él. Estos hombres habían cerrado los ojos ante el mal flagrante que estaba frente a ellos y, en su lugar, se enfocaron en arruinar al único que vino a salvarlos.

LUCAS 20:1-26

LEE LUCAS 20:1-26

Ayer leímos que Jesús limpió el templo, alterando a los líderes religiosos. Hoy, encontramos a Jesús enseñando en el templo, compartiendo el evangelio con la multitud... y la frustración de los líderes religiosos sigue aumentando.

1. **Repasa 20:1-8.**

Los líderes religiosos decidieron hacerle a Jesús una pregunta sencilla: "¿Con qué autoridad haces estas cosas, o quién te dio esta autoridad?". Jesús podría haber respondido fácilmente a su pregunta, pero eligió responder con una pregunta propia.

2. Cuando respondieron a la pregunta de Jesús, ¿en qué dilema se encontraron los líderes religiosos?

Estos hombres altamente educados decidieron hacerse los desentendidos. Mintieron y dijeron que no sabían la respuesta. Si respondían de una manera, estarían respaldando a Jesús; y si respondían de otra, la multitud se alborotaría. No parece que Jesús estuviera evadiendo su pregunta, correspondiendo engaño con engaño, sino más bien utilizando una pregunta para explicar quién es Él y quizás incluso exponer su hipocresía.

Esta interrupción no detuvo la enseñanza de Jesús. Él continuó utilizando su método probado, la parábola, mientras compartía acerca de los labradores malvados.

3. **Repasa 20:9-18.** Usa una herramienta de estudio bíblico para asociar los personajes con la persona que representan.

Siervos	Líderes religiosos
Hijo	Profetas del Antiguo Testamento
Dueño de la viña	Jesús
Inquilinos	Dios el Padre

Parece que los líderes religiosos entendieron las analogías de Jesús. Cuando Jesús habló sobre el destino de los labradores malvados, dijeron: "¡Nunca suceda tal cosa!" con incredulidad, pero Jesús los miró directamente y citó un pasaje que todos habrían conocido bien.

4. **Lee Salmos 118:22.** ¿Qué es una piedra angular? **Usa un diccionario como ayuda.** ¿Quién es la piedra que se convirtió en piedra angular?

Durante el tiempo de Jesús, este pasaje era conocido como una profecía mesiánica, lo cual significaba que apuntaba al Mesías que Israel esperaba. Jesús hablaba en el lenguaje de los líderes religiosos; y al citar esta escritura, Él esencialmente estaba diciendo: "Pueden rechazarme, pero Yo soy Aquel sobre quien todo será edificado".

5. **Vuelve a leer 20:18, luego lee Isaías 8:14-15 y 1 Pedro 2:1-10.** ¿Qué significa que muchos tropezarán con la piedra? ¿Quiénes son los que tropiezan con la piedra?

El mensaje del evangelio, esta buena nueva, es necedad para aquellos que se pierden (1 Corintios 1:18). Las personas pondrán a Jesús correctamente en el centro de su vida o tropezarán, alejándose del único que puede salvarlas.

6. **Repasa 20:19-26.**

Los líderes religiosos querían poner las manos sobre Jesús, y no de manera santa, tras darse cuenta de la magnitud de lo que Él estaba diciendo. Querían hacerle daño, silenciarlo, pero temían al pueblo, así que se reunieron e idearon un plan para engañar a Jesús.

7. Resume 20:21-26 con tus propias palabras. ¿Cuáles fueron las dos respuestas que tuvieron los líderes religiosos a las palabras de Jesús (20:26)?

La respuesta de Jesús pareció un verdadero momento de "tensión". Él vio a través de sus motivos ocultos y llegó a los lugares profundos, secretos y feos que intentaban esconder; sin embargo, no lograron mirar hacia adentro y tratar con su dureza de corazón. El Mesías que esperaban estaba justo frente a ellos, y se negaron a verlo correctamente.

8. ¿Cuándo fue la última vez que te asombraste con las enseñanzas de Jesús? Escribe sobre eso en el espacio a continuación.

DÍA 5

LUCAS 20:27-47

LEE LUCAS 20:27-47

Los líderes religiosos seguían intentando sabotear a Jesús y se acercaron a Él con una pregunta sobre la resurrección. Hoy leemos sobre los saduceos, un grupo aristocrático de líderes religiosos que se enfocaba solo en la Torá (los cinco primeros libros del Antiguo Testamento) y seguían solo las partes que consideraban importantes.

1. **Repasa 20:27-40.**

2. **Lee Deuteronomio 25:5-7.** ¿Qué instrucción se da al hermano de un hombre que muere y deja una esposa?

El papel del hermano era proteger el linaje de su hermano y proveer para la mujer a través de un heredero. En el escenario hipotético de los saduceos, si cada hermano moría antes de tener un hijo con la mujer, ningún hermano tenía derecho especial sobre ella. Como ni Jesús ni los líderes religiosos pudieron estar de acuerdo en que ella perteneciera por igual a los siete, los saduceos creían que este escenario demostraba que no había resurrección. Pero Jesús tenía una visión más alta y respondió en función a esa visión.

3. ¿Qué dijo Jesús que sucede en la próxima era (la vida después de la muerte) en cuanto al matrimonio?

Los saduceos esperaban refutar la resurrección, pero sus pensamientos sobre las relaciones matrimoniales fueron descartados cuando Jesús declaró que el matrimonio no es parte de la próxima era. Les habló de nuevo en su propio lenguaje, utilizando otro escenario del segundo libro de la Ley (Éxodo 3:5-6). En el desierto de Egipto, Dios se llamó a sí mismo el Dios de Abraham, Isaac y Jacob. No dijo "*fui* su Dios", dijo "*soy* su Dios". Como Dios es un Dios de los vivos, la evidencia de Jesús al utilizar el lenguaje del Antiguo Testamento demostró a los saduceos que la resurrección sí existe. ¡Imagina a estos hombres religiosos y orgullosos con la boca abierta frente a un hombre de Nazaret!

Ya habían terminado de hacerle preguntas, así que Jesús les hizo una pregunta difícil por su cuenta.

4. Completa los espacios en blanco de 20:41.

¿Cómo es que dicen que ____ ________ es __________ de __________?

Él responde a su propia pregunta citando el Salmo 110:1 y señalando que Él es *más* que el hijo de David. Este versículo es uno de los más citados del Antiguo Testamento en el Nuevo Testamento. Jesús, Pedro, Pablo y el autor de Hebreos utilizaron este versículo para resaltar diversos aspectos del Mesías.

5. Empareja el versículo con el punto mesiánico destacado de Salmos 110:1.

Hechos 2:36	La autoridad de Jesús sobre los ángeles
1 Corintios 15:25	La deidad y ascensión de Jesús
Hebreos 1:13	El gobierno y dominio de Jesús.

6. ¿Cuál es el significado de estar sentado a la diestra de Dios? ¿Qué significa que sus enemigos sean un estrado para sus pies? **Usa una Biblia de estudio y lee Marcos 16:19 (NTV) y Josué 10:24 para obtener más ayuda.**

Las personas en su audiencia entendían que la "diestra" era el lugar de honor y estatus. Hacer de algo tu "estrado" significaba que tus pies estaban aplastando lo que estaba debajo de ellos. El Salvador tiene autoridad suprema tanto en el cielo como en la tierra.

7. **Lee Apocalipsis 22:16.** ¿Qué significa que Jesús sea la raíz de David? ¿El descendiente?

Jesús es tanto el Creador de David como el que vino del linaje de David. Esto fue dicho por Isaías (Isaías 11:1) mucho antes de que Jesús naciera. Los líderes religiosos se pasaban la vida estudiando la Escritura, pero seguían siendo obstinados cuando tenían la verdad de la Escritura delante de sus propios ojos. Jesús conocía sus corazones. La multitud veía sus acciones. Y Jesús hizo una fuerte advertencia a todos los que escuchaban.

8. Contrasta la conducta de los escribas con las características de un seguidor de Cristo.

En Él hay plenitud de vida. En Él cesan nuestros esfuerzos. Cuando nos sometemos por completo a la obra del Salvador, no tenemos que jactarnos como los escribas. Podemos rendir gustosamente todas las cosas que intentamos agarrar con fuerza, ¡porque sabemos y creemos que Él es donde está el gozo!

9. ¿Qué es lo que más te impactó del estudio de esta semana? ¿Por qué?

10. ¿Qué aprendiste o recordaste acerca de Dios y su carácter esta semana?

DÍA 6

SALMO CORRESPONDIENTE Y ORACIÓN

LEE SALMOS 81

1. ¿Qué correlación ves entre Salmos 81 y el estudio de esta semana sobre Jesús como Salvador?

2. ¿Qué porciones de este salmo captan más tu atención?

3. Termina haciendo esta oración en voz alta:

Padre,

Tú eres el Dios de mi fortaleza, y te alabo. Rescataste a tu pueblo de la esclavitud y me rescataste a mí de la esclavitud de mi propio pecado. Incluso cuando no te he escuchado, no has renunciado a mí. Hiciste un camino de regreso hacia ti; ¡qué misericordia! ¡Qué gracia!

Al igual que los israelitas, he sido terco y he ignorado tu voz. Y, como la gente en Jerusalén gritando "¡Hosanna!", he querido más mi idea de salvación que tu salvación. He apretado mis puños alrededor de posesiones temporales y he dado la espalda a los asuntos eternos. Como el pecado de Israel, mi pecado ha roto tu corazón. Y me arrepiento.

Aumenta mi fe, Señor. Enséñame a orar constantemente, con la humildad apropiada y con justa confianza en ti. Enséñame a orar sin cesar por aquellos que te necesitan. Recuérdame orar continuamente por aquellos que necesitan sanidad. Incítame a orar persistentemente para que mi fe aumente. Y mientras oro por mis deseos, modela mi corazón para que sea más como el tuyo.

Te rindo mi vida, Señor; en cada momento de mi día y en cada decisión que tome, someto mi voluntad y mi camino a tu perfecta voluntad y camino.

Yo también te amo. Amén.

DÍA 7

DESCANSA, PONTE AL DÍA O PROFUNDIZA

RETO SEMANAL

En Lucas 18:18 Jesús enseñó sobre la oración. Para algunos hablar con Dios es fácil, mientras que para otros es un desafío. A lo largo de la Escritura vemos que la oración es vital para el creyente. Esta semana, aparta al menos veinte minutos para orar de una manera que esté fuera de tu norma. Esto podría ser tomar una caminata de oración, orar de una manera estilo *lectio divina,* escribir en un diario de oración, meterte en un cuarto de oración, cantar tu oración, etcétera. Las posibilidades son infinitas, pero el desafío de esta semana es orar de una manera nueva. Minimiza tus distracciones, deja tus dispositivos en otra habitación, y enfócate en crecer en esta disciplina espiritual.

VERSÍCULO PARA MEMORIZAR

Ha ayudado a Israel, Su siervo, para recuerdo de su misericordia.
Lucas 1:54

SEMANA 9

Lucas 21-22:

La preparación del Salvador

LECTURA BÍBLICA DIARIA

Día 1: Lucas 21:1-24

Día 2: Lucas 21:25-38

Día 3: Lucas 22:1-30

Día 4: Lucas 22:31-46

Día 5: Lucas 22:47-71

Día 6: Salmos 41

Día 7: Para ponerte al día

Corresponde a los días 309 y 314 de *La sinopsis de la Biblia*

RETO SEMANAL

Ver la página 256 para más información.

DÍA 1

LUCAS 21:1-24

LEE LUCAS 21:1-24

A medida que nos acercamos a los últimos días de la vida de Jesús, seremos testigos de su urgencia por comunicar las importantes y difíciles verdades del reino a sus discípulos, así como a los críticos cuya resistencia iba en aumento.

1. **Repasa 21:1-4.**

Un versículo antes de esta escena, Jesús advirtió a sus discípulos que los escribas "devoran las casas de las viudas" (20:47), por lo que tal vez este momento sirvió para contrastar aún más la economía del reino con las prácticas religiosas modernas. Jesús vio a los ricos y también vio a la viuda pobre, pero sabemos que cuando Jesús ve algo, Él ve más que solo las acciones; Él ve las motivaciones.

2. ¿Cuáles crees que podrían haber sido sus motivaciones para que Jesús señalara este contraste?

Persona involucrada	Posible motivación
Rico	
Viuda pobre	

La Escritura menciona los diezmos y ofrendas en muchas ocasiones, y existen diversas perspectivas sobre lo que es correcto y adecuado bajo el nuevo pacto; sin embargo, el contexto de esta historia en particular indica que su propósito es *descriptivo*, no *prescriptivo*. En otras palabras, es una historia para ilustrar la generosidad, no un mandato para que todos entreguen todas sus posesiones.

Las dos monedas de cobre, también conocidas como blancas, valían solo el uno por ciento de un salario diario. Nadie habría cuestionado si ella hubiera decidido dar solo una de esas monedas y quedarse con la otra; pero su dependencia no estaba en las monedas, sino en la provisión de Dios. Jesús probablemente la señaló a sus discípulos porque ella entendía el principio del reino: cuando se confía en Dios como el proveedor de todas las cosas buenas, la generosidad siempre es una ganancia para todos.

3. Describe un momento en el que tú o alguien que conoces dio generosamente en completa dependencia de Dios. ¿Cuál fue el resultado?

4. **Repasa 21:5-9.**

En las siguientes secciones podría ser fácil sentirse abrumado por preguntas y el temor a lo desconocido; sin embargo, anímate al saber que Jesús no dijo estas cosas para asustarnos sino para prepararnos. Sabemos que el miedo no era su objetivo porque específicamente dijo: "No se aterroricen" (21:9).

A lo largo de los Evangelios, Jesús aseguró a sus seguidores que la persecución y el sufrimiento eran de esperar en un mundo quebrantado y caído; sin embargo, a menudo nos sorprende cuando ocurren en nuestros círculos hoy en día. Aunque Jesús dijo que volverá pronto (Apocalipsis 22:12), sufrimientos como los descritos en este pasaje no deberían provocar la suposición de su inminente regreso. Hemos estado en los "últimos tiempos" desde su ascensión hace dos milenios, y continuaremos en los últimos tiempos hasta que Él regrese. Algunas partes de este pasaje casi con certeza profetizan sobre el regreso definitivo de Cristo, pero es importante recordar que Jesús estaba hablando a sus discípulos sobre cosas específicas que ellos enfrentarían después de su muerte y resurrección.

Mientras escuchaba a personas hablar sobre los adornos del templo, Jesús aprovechó la oportunidad para confrontar la idolatría. El templo era tan venerado, que hablar en su contra se consideraba blasfemia al mismo nivel que denostar al propio Dios (Hechos 6:11-14). Jesús no solo explicó que el templo sería destruido, sino que también advirtió que muchos vendrán afirmando ser el Salvador. Aquellos que venían en el nombre de Jesús probablemente lo harían con el poder político o militar que el pueblo (erróneamente) buscaba.

5. ¿Por qué crees que los seres humanos tienen tendencia a admirar ídolos y personas por encima de Dios? ¿Cómo podemos evitar ser desviados por ídolos y falsas representaciones de Jesús?

6. **Repasa 21:10-19.** ¿Qué dice 21:13 sobre el enfoque que Jesús quería que sus discípulos mantuvieran en medio de calamidades y persecuciones? ¿Cómo podría esto aplicarse también a los creyentes hoy en día?

Los discípulos debieron sentirse alentados cuando Jesús les aseguró su presencia y les prometió la sabiduría necesaria para enfrentar cada situación. Y no solo eso, ¡sino también la instrucción de no dejar que sus pensamientos se consumieran en los "¿qué pasaría si...?" (21:14-17)!

7. Lee los versículos siguientes y completa la tabla.

Lucas 21:19	Filipenses 1:6	1 Juan 2:19
Con su perseverancia ganarán sus almas.	*Estoy convencido precisamente de esto: que el que comenzó en ustedes la buena obra, la perfeccionará hasta el día de Cristo Jesús.*	*Ellos salieron de nosotros, pero en realidad no eran de nosotros, porque si hubieran sido de nosotros, habrían permanecido con nosotros. Pero salieron, a fin de que se manifestara que no todos son de nosotros.*
Tema central:		
¿Cómo podría esta verdad haber alentado a los discípulos?		

8. **Repasa 21:20-24.**

Aquí, Jesús continúa con una descripción detallada de la destrucción venidera, pero este pasaje no está desprovisto de esperanza. Jesús aseguró a los discípulos que esta destrucción era "para que se cumplan todas las cosas que están escritas" (21:22). Cuando la profecía se cumple, vemos evidencia de las verdades de la Palabra de Dios.

Algunos estudiosos creen que 21:24b no se refiere a la caída de Jerusalén ante Roma, sino que Jesús estaba pintando un cuadro más general sobre la difusión de la salvación a los gentiles en todo el mundo. En esa interpretación no es un tiempo de temor, ¡sino un tiempo para deleitarse y regocijarse en que Jesús es el Salvador de todos!

DÍA 2

LUCAS 21:25-38

LEE LUCAS 21:25-38

Al continuar observando las palabras de Jesús acerca de las circunstancias que rodean su segunda venida, es importante recordar sus exhortaciones del pasaje leído ayer.

1. En la siguiente tabla, marca con un círculo las verdades que más necesitas recordar mientras estudiamos el regreso de Cristo:

	No te dejes engañar por líderes que afirman ser Jesús pero predican un mensaje diferente. (21:8)
	Cuando las señales parezcan abrumadoras, no tengas miedo. (21:9)
	En el sufrimiento, tendrás la oportunidad de ser testigo del reino. (21:13)
	No pierdas tiempo preocupándote. Dios te dará la sabiduría exacta que necesites, cuando la necesites. (21:14-15)
	La paciencia en el sufrimiento lleva a la bendición eterna. (21:19)
	Hay propósito en el dolor. (21:22)

2. **Repasa 21:25-28**

Aunque muchas de las imágenes en el pasaje de hoy pueden parecer confusas para el lector moderno, es probable que los lectores del primer siglo tuvieran una mejor comprensión de lo que Jesús estaba describiendo. Estas escenas, y las descripciones que las acompañan en el libro de Apocalipsis (capítulos 6, 8–9, 15–18), probablemente no están destinadas a ser vistas como un misterio con múltiples capas que debemos resolver. Después de todo, *apocalipsis* significa "la revelación", no "el ocultamiento".

En muchos sentidos, nuestra cultura cristiana ha convertido el regreso de Jesús en algo que temer, lo cual nos ha hecho perder la belleza y el esplendor del plan de redención de Dios.

3. **Utilizando una búsqueda en internet, encuentra una fuente confiable que responda a la pregunta: *¿Por qué Jesús se llamó a sí mismo el Hijo del Hombre?*** Escribe lo que encuentres a continuación. ¿Por qué Jesús se llamaría a sí mismo el Hijo del Hombre al hablar de su segunda venida?

Hemos discutido brevemente el título Hijo del Hombre anteriormente en este estudio (5:24, 12:40 y 19:10). Este nombre está profetizado en el Antiguo Testamento como el que instauraría el reino eterno de Dios. Si alguna vez has experimentado los efectos de la caída de una manera que te dejó anhelando el reino, ¡cobra ánimo! Eso es *exactamente* de lo que Él está hablando.

4. ¿Qué dijo Jesús que debíamos hacer cuando comencemos a ver las señales de su regreso? ¿Y por qué? ¿Es esta una nueva manera de pensar sobre la segunda venida de Cristo para ti? ¿Por qué sí o por qué no?

5. **Repasa 21:29-33.** ¿Cuáles son algunos signos inconfundibles de los cambios de estación en el lugar donde vives?

A Jesús le encantaba usar la higuera como ilustración. Parece que su intención aquí era señalar que así como la naturaleza da señales de cambios de estación, la naturaleza también dará una señal del venidero reino eterno. Nuevamente, esto es motivo de celebración para aquellos que están en Cristo. No permitas que nadie te haga temer el fin. ¡Regocíjate ante la venida de la redención de tu alma por toda la eternidad!

6. **Usa una concordancia o un diccionario bíblico para buscar la palabra *generación* (21:32).** ¿Cuáles son algunos de los posibles significados?

Cuando encontramos algo en la Escritura que parece no tener sentido, es importante entender el versículo no solo en el contexto del capítulo, sino también en el contexto de toda la Biblia. Jesús mismo dijo que no conocía la fecha de su regreso (Mateo 24:36, Marcos 13:32), por lo que no podía estar diciendo aquí que su audiencia no moriría antes de su regreso. La mejor comprensión parece señalar que "esta generación" se refiere a la generación de los creyentes: aquellos que son parte del nuevo pacto, la Iglesia. Esto es similar a lo que les dijo en una conversación anterior sobre el Hijo del Hombre (Mateo 16:13-20).

La promesa es que la Iglesia y su confesión del Salvador, incluso frente a la persecución y el sufrimiento, permanecerían hasta el día de su regreso. No solo eso, sino que las palabras de Jesús y las verdades del reino *nunca* pasarían.

7. **Repasa 21:34-36.** ¿Qué debemos tener cuidado de evitar? ¿Qué debemos ser cuidadosos de hacer?

Podemos leer este pasaje con gozo y anticipación cuando recordamos la promesa de Jesús de darnos sabiduría y palabras (21:14-15). No tenemos que permitir que nuestra mente juegue al "¿qué pasaría si?" en relación con el regreso de nuestro Salvador.

8. **Repasa 21:37-38.**

El doctor Lucas es intencional al dar contexto a sus lectores, y estos dos versículos no son la excepción. En sus últimos días, Jesús estaba entre la gente. Mientras enseñaba en el templo, estaba en uno de los lugares más concurridos de todo Israel, y se alojaba entre otros viajeros que estaban en la ciudad para la Pascua. Aunque sabía que el final se acercaba, Jesús no se escondía. Estaba en una misión, completamente comprometido con el plan de redención del Padre.

DÍA 3

LUCAS 22:1-30

LEE LUCAS 22:1-30

La festividad judía de la Pascua se acercaba, y los judíos se preparaban para celebrar la salvación de sus ancestros de Egipto (Éxodo 12). Si la Pascua es un concepto nuevo para ti, aquí tienes un breve resumen:

Durante la última plaga contra el opresor de Israel, el Señor mandó a Moisés que dijera a cada familia que sacrificara un cordero sin mancha al atardecer y (entre otras cosas) pusiera su sangre en los dinteles de las puertas de sus casas. Cuando el Señor pasó por la tierra de Egipto para herir a cada primogénito, "pasó por alto" las casas que estaban cubiertas con la sangre del cordero sin mancha, y las vidas de los ocupantes fueron salvadas.

Si estás pensando que esto suena terriblemente similar a algo que está a punto de suceder en la vida de Jesús, tienes toda la razón.

1. **Repasa 22:1-2.** ¿Qué estaban haciendo los sumos sacerdotes y los escribas en lugar de preparar al pueblo para la Pascua? ¿Cuál era su motivación?

El miedo nunca es un motivador justo. Si a menudo te encuentras actuando desde un lugar de miedo, recibe ánimo del mensaje de esperanza que se encuentra en nuestro perfecto Cordero de Pascua.

2. **Repasa 22:3-6.**

La frase "Satanás entró en Judas" es difícil de procesar para los creyentes. Para proporcionar un contexto útil, Judas no hizo nada en contra de su propia voluntad y, por lo tanto, fue responsable de sus acciones. Al mismo tiempo, la voluntad de Satanás estaba siendo cumplida, al igual que la voluntad de Dios (Isaías 53:10). De alguna manera, todas estas complejas sutilezas se alinean dentro del plan soberano de Dios. Lucas probablemente incluyó este versículo para recordar a sus lectores que el enemigo supremo de Jesús no era el hombre, sino Satanás. Nadie obligó a Judas; él buscó a los líderes religiosos, aceptó su pago, y se unió a la conspiración para ver muerto al Salvador.

3. ¿Por qué crees que Judas estaba buscando un momento en el que la multitud no estuviera cerca?

4. **Repasa 22:7-13.**

¡Seguir a Jesús debió haber sido una locura! Una simple pregunta de Juan y Pedro llevó a una respuesta llena de detalles muy específicos que parecían inverosímiles. Por ejemplo, los hombres normalmente no llevaban jarras de agua, porque en el Israel del primer siglo esa era una responsabilidad de las mujeres. La Escritura no nos dice si Jesús había preestablecido este encuentro o si sabía divinamente lo que Juan y Pedro encontrarían; sin embargo, ellos ya habían visto a Jesús hacer suficientes milagros como para confiar en su palabra y hacer lo que Él les indicó.

5. Cuando sientes que el Señor te impulsa, ¿estás más inclinado a actuar o a hacer preguntas? ¿Por qué?

6. **Repasa 22:14-23.**

Mientras comían juntos, Jesús explicó cada paso en el contexto de lo que le sucedería al día siguiente. Los doce discípulos estaban sentados en la mesa, pero solo uno de ellos sabía exactamente lo que Jesús quería decir cuando dijo: "La mano del que me entrega está junto a mí en la mesa".

7. **Lee Salmos 41:9-10.** ¿Cómo apoya el plan de Dios, así como la responsabilidad del hombre por el pecado, lo que encontramos en 22:22?

Las palabras de Jesús dejaron a once de los discípulos mirándose unos a otros y a sí mismos, intentando averiguar cómo y quién de su círculo más cercano podría ni siquiera considerar una traición semejante.

8. **Repasa 22:24-27.** ¿En qué sentido esta disputa se oponía directamente al mensaje de Jesús sobre el reino? ¿Qué parte de esta conversación resulta confrontadora?

Es fácil golpearnos la frente avergonzados de que los hombres más cercanos a Jesús no comprendieron el punto sobre la humildad, tan solo horas antes de su arresto, pero ponte en sus zapatos. Estos hombres habían sido enseñados por Jesús, pero aún no tenían el Espíritu Santo. Además, no habían visto desarrollarse los eventos de los próximos días. Jesús fue mucho más amable con ellos de lo que probablemente habríamos sido nosotros.

9. **Repasa 22:28-30.**

Jesús sufrió muchas pruebas y tentaciones durante su ministerio (Hebreos 2:18, 4:15). Y aunque ninguno de sus discípulos permaneció con Él perfectamente en todas sus pruebas, especialmente las pruebas que aún están por suceder en esta historia, Él les prometió algunas bendiciones únicas. (Nota: la exclusión de Judas parece ser algo asumido por los eruditos).

10. ¿Cuáles son las tres bendiciones específicas que se mencionan en 22:29-30?

11. **Lee Apocalipsis 21:14.** ¿Qué bendición adicional se menciona aquí?

Está claro a lo largo de la lectura de hoy que había un plan específico en marcha para los eventos que se estaban desarrollando. A medida que continuemos mañana, veremos aún más evidencia de que Dios no dejó el plan de salvación al azar.

DÍA 4

LUCAS 22:31-46

LEE LUCAS 22:31-46

Esta sección aparece en medio de las últimas interacciones que Lucas registró entre Jesús y sus discípulos antes de su arresto. Ellos todavía no parecían comprender completamente su mensaje sobre el reino ni que Él estaba a punto de sufrir y morir. Estos hombres estaban en medio de una batalla espiritual, y aunque tenían a Jesús entre ellos, aún no tenían al Espíritu Santo dentro de sí para ayudarles a discernir la realidad espiritual.

1. **Repasa 22:31-34.** ¿Qué dijo Jesús que Simón Pedro haría? ¿Qué pensaba Simón Pedro que él haría?

Satanás quería destruir a los discípulos, pero Jesús no lo permitiría. Simón Pedro, en su celo, respondió a Jesús con intensidad y pasión. Puede que no se sintiera capaz de traicionar a Jesús, pero los sentimientos a menudo no nos sostienen bien en las pruebas. La fe de Simón Pedro, efectivamente, vacilaría.

2. **Repasa 22:35-38.**

Desde el principio de su ministerio, Jesús envió a sus discípulos sin nada, y en gran parte fueron recibidos con buena voluntad (Lucas 10:1-17). Pero aquí, cerca del final de su ministerio terrenal, les dio instrucciones diferentes. Les dijo que usaran el sentido común para cuidarse a sí mismos. El mundo al que se enfrentarían sin la presencia de Jesús sería un mundo hostil.

La vida y el ministerio de Jesús cumplieron profecía tras profecía, y los apóstoles lo sabían mejor que nadie. Entonces, para ayudar a sus discípulos a entender la realidad presente, señaló una profecía que Él estaba a punto de cumplir: Él sería "contado con los transgresores". Sabía que el camino por delante estaría lleno de sufrimiento para los hombres que estaban en la habitación con Él, y en sus últimas horas su objetivo era prepararlos bien.

3. ¿Alguna vez has pensado sinceramente en el costo de seguir a Jesús, sabiendo que enfrentarías sufrimiento? ¿Por qué pensaste que valía la pena?

Cuando Jesús mencionó las espadas durante sus instrucciones, los discípulos hicieron un inventario de sus armas. Entre el grupo tenían dos espadas, y Jesús les dijo que era suficiente. Los eruditos tienen diferentes opiniones sobre lo que Él quiso decir con esto. Algunos creen que estaba diciendo: "Eso es suficiente para el viaje por delante". Otros piensan que estaba diciendo: "Eso es suficiente en esta conversación". Aun otros creen que su solicitud de espadas fue en preparación para su arresto; después de todo, como iba a ser acusado de insurrección, tenía que haber "pruebas" entre sus seguidores de que Él era una amenaza.

4. **Lee 22:39-46.**

Jesús necesitaba orar. Lucas les dice a sus lectores que esta era la costumbre de Jesús. Su relación con el Padre y su dependencia de Él eran un marcador principal de su vida.

5. ¿Por qué crees que Jesús vincula la oración y la tentación en sus instrucciones a los discípulos? ¿Cómo se vinculan en tu vida?

La oración de Jesús fue de desesperación absoluta. Su carne no quería tener nada que ver con la serie de eventos que Él sabía que se acercaban *y, sin embargo*, estaba dispuesto a rendirse al plan del Padre. Para ser claros, la voluntad del Padre era también la voluntad del Hijo y del Espíritu. El Dios trino hace todo en unidad dentro de sí mismo, y ese era su plan de salvación desde antes de la fundación del mundo (Apocalipsis 13:8).

La agonía de la realidad física y humana que Jesús iba a enfrentar fue suficiente para requerir intervención y fortaleza celestial. Incluso con este apoyo, Lucas nos dice que el sudor de Jesús parecía gotas de sangre. Los eruditos difieren sobre si Lucas se refería al volumen de líquido que salía del cuerpo de Jesús o si su sudor era tan grande que sus capilares se abrieron y la sangre se mezcló con su sudor (una condición conocida como hematohidrosis). De cualquier manera, había evidencia visible de la agonía interna de Jesús.

6. ¿Por qué estaban los discípulos dormidos en lugar de orar? ¿Alguna vez has sido tentado a cerrarte emocionalmente en lugar de involucrarte en algo que Dios te pidió que enfrentaras? Si es así, describe brevemente la situación.

Tal vez estaban cansados por una comida de solo pan y vino. O quizás les resultaba más fácil desconectarse de lo que estaba sucediendo en lugar de enfrentarlo de manera directa. Jesús había dicho a los discípulos que uno lo traicionaría, que Él iba a morir, y que ellos enfrentarían sufrimiento.

Les imploró que permanecieran despiertos a las realidades espirituales y se involucraran en la solución para la victoria: la oración.

Anímate, porque debido a la increíble obra de nuestro Salvador en la cruz, tenemos el poder del Espíritu Santo morando en nosotros, dándonos acceso directo a la sabiduría, fortaleza y discernimiento del Padre. ¡La oración siempre es una fuente de fortaleza para nosotros cuando enfrentamos batallas!

DÍA 5

LUCAS 22:47-71

LEE LUCAS 22:47-71

1. **Repasa 22:47-53.**

Jesús estaba en medio de una conversación al menos con once de sus discípulos cuando se acercó una multitud liderada por el duodécimo: Judas. Y ellos tenían corazones endurecidos y mentes maliciosas.

2. ¿Qué significaba un beso en el Israel del primer siglo? **Haz una búsqueda en internet o usa un comentario como ayuda.** ¿Cómo magnificó Judas el dolor de la traición al usar un beso?

Seguramente sintiendo el dolor de la traición de Judas, Simón Pedro reconoció lo que estaba a punto de suceder y sacó una de sus dos espadas (Juan 18:10). Le había dicho a Jesús que estaba preparado para morir y parecía estar listo para mostrar esa intención.

3. ¿Cómo respondió Jesús a las acciones de Simón Pedro? ¿Por qué crees que hizo eso?

Jesús tenía una misión singular en mente; la violencia y la resistencia no estaban en la agenda. Después de realizar un milagro frente a todos, dirigió su atención a la élite religiosa de la multitud. Ni los milagros de Jesús ni su mensaje serían recibidos por estos hombres cuyas mentes ya estaban decididas.

4. ¿Cuál fue la acusación de Jesús a los líderes religiosos? ¿Qué crees que quiso decir?

5. **Repasa 22:54-62.**

Apartándose de la historia de Jesús por un momento, Lucas se centró en Simón Pedro, dando una línea de tiempo incompleta de lo que sucedió con Jesús esa noche. Para una imagen más completa, lee esta historia en los otros Evangelios. Parece que Lucas quería centrarse en la historia de Simón Pedro por alguna razón.

Cuando Jesús fue apresado, Simón Pedro lo siguió a lo lejos, luego se sentó junto al fuego entre las personas que habían sido parte del arresto de Jesús. Parecía que quería estar lo suficientemente cerca para saber qué estaba sucediendo, pero lo suficientemente lejos como para evitar cualquier asociación con Jesús.

6. Completa el cuadro a continuación según 22:56-60. ¿Cuáles fueron las acusaciones contra Simón Pedro y cómo respondió a cada una?

Acusación	Respuesta de Simón Pedro

7. ¿Alguna vez te has encontrado en una situación en la que distanciarte de Jesús te pareció necesario para tu autopreservación? ¿Cómo te sentiste después?

Antes de que pudiera decir las palabras de negación, el canto del gallo hizo que Simón Pedro volviera en sí. Estaba tan preocupado por su autopreservación que había olvidado por completo lo que Jesús había dicho solo horas antes. En ese mismo momento, Jesús estaba en el patio e hizo contacto visual con él. Esta escena es desgarradora.

Esta mirada de Jesús no parecía ser de condena, pero entre el canto del gallo y el reconocimiento de su culpabilidad, Simón Pedro quedó destrozado. El llanto amargo era la señal de un hombre enfrentando su pecado de una manera que lo llevaría a la restauración en lugar de la ruina.

8. **Repasa 22:63-65.** Escribe las acciones que llevaron a cada uno de los tipos de dolor que sufrió Jesús.

Emocional:

Físico:

Espiritual:

¿Cómo puede animarte en tu propio dolor el hecho de saber que Jesús experimentó cada uno de estos tipos de dolor?

9. **Repasa 22:66-71.**

Lucas no nos contó sobre el juicio ilegal a medianoche, pero basta decir que este juicio parece un intento de salvar las apariencias y "hacerlo legal", aunque había muchas cosas en este juicio que iban en contra de las leyes y costumbres judías.

La línea de preguntas de los líderes religiosos reveló que su único propósito era sostener sus conclusiones, no asegurar que se hiciera justicia. Jesús les respondió con una de las declaraciones más condenatorias de toda la Escritura: "Si se lo digo, no creerán". Jesús les había dicho la respuesta muchas veces, pero no le creyeron. Luego les dijo lo que sucedería, y ellos lo vieron como una justificación en lugar de una convicción de sus propios corazones.

10. ¿Cuál fue su respuesta a Jesús como el Salvador prometido? ¿Qué te dice esto sobre sus corazones? ¿Alguna vez te has encontrado tratando de justificar espiritualmente tus propias conclusiones en lugar de buscar sinceramente la justicia en la Palabra de Dios?

La élite religiosa tenía toda la evidencia que necesitaba para creerle. Había cumplido profecía tras profecía, había realizado milagros, había cuidado a los marginados; sin embargo, los líderes religiosos estaban demasiado atrapados en sus propios rituales para ver con claridad. Aunque su dureza de corazón es desgarradora de leer, sabemos que Dios usó sus acciones insensibles y pecaminosas para su propia gloria. Sabemos lo que sucede al final de la historia, ¡y eso confirma que Él es donde está el gozo!

11. ¿Qué es lo que más te impactó del estudio de esta semana? ¿Por qué?

12. ¿Qué aprendiste o recordaste acerca de Dios y su carácter esta semana?

DÍA 6

SALMO CORRESPONDIENTE Y ORACIÓN

LEE SALMOS 41

1. ¿Qué correlación ves entre Salmos 41 y el estudio de esta semana sobre Jesús y su reino?

2. ¿Qué porciones de este salmo captan más tu atención?

3. Termina haciendo esta oración en voz alta:

Padre,

Te alabo porque eres soberano sobre todas las cosas. Enviaste a tu Hijo para cumplir con los profetas, para enfrentar a sus transgresores, para morir como el Cordero de la Pascua, y para proveer un camino hacia ti para siempre. Ni siquiera el peor pecado podrá detenerte. ¡Te alabo por tu plan soberano!

Sé misericordioso conmigo, pues he pecado contra ti. Mientras tú lo diste todo, yo he atesorado mis monedas de cobre. Aunque he comido de tu pan, aún te he negado, a veces con mis palabras y otras veces con mis acciones. He dudado de ti en tiempos de sufrimiento, y me he escondido de situaciones donde podría haber sido un testigo para ti. El temor al hombre ha sido mi motivación en ocasiones, en lugar de un temor justo hacia ti. Y me arrepiento.

Profundiza mi fe y ayúdame a mostrar integridad incluso frente al sufrimiento y la persecución. Recuérdame tu promesa de que, aunque vendrán tiempos difíciles, estarás conmigo. Ayúdame a creer en lo más profundo de mi ser que tú eres todo lo que necesito, sin importar lo que llegue a mi camino.

Te rindo mi vida, Señor; en cada momento de mi día y cada decisión que tome, someto mi voluntad y mi camino a tu perfecta voluntad y camino.

Yo también te amo. Amén.

DÍA 7

DESCANSA, PONTE AL DÍA O PROFUNDIZA

RETO SEMANAL

Las cuatro narraciones de los Evangelios nos dan diferentes perspectivas del arresto, los abusos, los juicios y la crucifixión de Jesús. Tener una imagen completa ayuda a hacer todo esto más real. Usando los cuatro Evangelios y herramientas de estudio bíblico de internet, escribe el orden de los eventos desde el arresto de Cristo hasta su crucifixión. Si los estudiosos no están de acuerdo en algunos detalles de la línea de tiempo, está bien; ¡esto no es una evaluación! El propósito de este ejercicio no es solo acumular información, sino el asombro y la gratitud. Mientras echas un vistazo extenso y detallado a lo que Jesús atravesó, deja que su experiencia llene tu corazón de gratitud por tu Salvador y su salvación.

VERSÍCULO PARA MEMORIZAR

Tal como dijo a nuestros padres, a Abraham y a su descendencia para siempre.
Lucas 1:55

SEMANA 10

Lucas 23-24:

La salvación por medio del Salvador

LECTURA BÍBLICA DIARIA

Día 1: Lucas 23:1-25

Día 2: Lucas 23:26-43

Día 3: Lucas 23:44-56

Día 4: Lucas 24:1-35

Día 5: Lucas 24:36-53

Día 6: Salmos 134

Día 7: Para ponerte al día

Corresponde a los días 317 y 319 de *La sinopsis de la Biblia*

RETO SEMANAL

Ver la página 281 para más información.

DÍA 1

LUCAS 23:1-25

LEE LUCAS 23:1-25

Hoy caminamos con Jesús por su acusación, juicio y veredicto.

1. **Repasa 23:1-5.** Llena los espacios en blanco de las tres acusaciones en contra de Jesús.

_______________ _____ nuestra nación.

_______________ pagar _______________ a César.

_______________ que Él mismo es Cristo, _____ _____.

Roma siempre estaba alerta contra la insurrección. Los zelotes se habían ganado una gran reputación como una secta fanática de judíos decididos a liderar una revuelta contra Roma. Y aquí estaba el Sanedrín, el consejo principal de los judíos, construyendo un caso de que Jesús era exactamente el tipo de insurrecto que más temían.

En cuanto a su tercera acusación, Jesús ciertamente afirmó ser rey, pero dejó claro que no tenía intención de ser un rey político (Juan 18:36-37). Su segunda acusación se demuestra falsa en 20:20-26, porque específicamente había dicho que se diera a César lo que era suyo.

Sin embargo, solo Pilato tenía el poder de dictar la pena capital, por lo que el Sanedrín tuvo que crear propaganda política para respaldar sus planes. Sin importar lo que costara, Jesús debía irse.

2. **Repasa 23:6-16.** El juicio continuó en 23:6-12 mientras Herodes daba su opinión. Relaciona a las autoridades principales con su razón para rechazar a Jesús.

Sanedrín	Negativa a tomar a Jesús en serio
Pilato	Celos y temor a perder el control
Herodes	Indisposición a posicionarse contra la multitud.

El Sanedrín había desconfiado y sentido celos de Jesús desde el principio. Era una amenaza para su poder, y se negaron a perderlo.

Pilato no era un líder religioso; era una figura política que no veía a Jesús como una gran amenaza. Pero una multitud puede ser una fuerza poderosa, y sucumbió a sus gritos. El compromiso siempre parece una buena solución cuando tomas más en serio a una multitud que a un rey.

Herodes estaba intrigado por Jesús, pero cuando Jesús se negó a impresionarlo, recurrió al sarcasmo y al cinismo. Herodes no estaba interesado en un Salvador; quería un artista.

3. Estos rechazos hacia Jesús siguen siendo comunes hoy en día. ¿Cómo ves estas tres reacciones activas en la tierra? ¿Cómo las ves activas en tu propio corazón? Tómate tu tiempo. Sé sincero.

Reacción	Evidencia en la tierra	Evidencia en tu propio corazón
Temor y celos		
Ceder ante la multitud		
Sarcasmo y cinismo		

Por favor, ten en cuenta: *Muchas traducciones excluyen el v. 23:17, porque esta frase parece haber sido añadida en una versión temprana de la carta de Lucas. Sin embargo, el contenido se registra en otros Evangelios (Mateo 27:15 y Marcos 15:6).*

4. **Repasa 23:18-25. Usando tu diccionario bíblico favorito, busca el significado de Barrabás.** ¿Qué significa su nombre? ¿Cuál es el significado de que Jesús tomara su lugar?

Esta fue una escena perturbadora y aleccionadora. Imagina a un opresor romano de pie frente a una multitud oprimida intentando defender a un maestro hacedor de milagros de un pequeño pueblo. El odio probablemente era palpable, pero toda esa angustia y enojo no se dirigía hacia el opresor, sino hacia Aquel que había sido enviado para liberarlos. Quizás algunas de estas personas habían gritado "¡Hosanna!" solo unos días antes, pero aquí sus voces se unieron en un clamor diferente: "¡Danos a Barrabás y crucifica a Jesús!". Era costumbre que el gobernador liberara a un prisionero durante la fiesta de la Pascua (Mateo 27:15-18), así que Pilato cedió.

Esta es una imagen brutal y hermosa de lo que Jesús estaba a punto de hacer por toda la humanidad. La celda destinada a un asesino ahora albergaría al reparador de corazones. El veredicto pronunciado sobre un hombre digno de muerte ahora era pronunciado sobre el Hombre digno de alabanza. La cruz destinada a ser llevada por un criminal fue colocada sobre los hombros de un cordero sin mancha.

Barrabás era una representación de todos nosotros. Barrabás literalmente se traduce como "hijo del padre". Aquí, el Hijo de Dios tomó el lugar de los hijos de ira (Efesios 2:3). Porque todos hemos pecado y estamos destituidos de la gloria de Dios (Romanos 3:23). La paga del pecado es muerte (Romanos 6:23). Jesús intervino y tomó la muerte que merecíamos. Somos las voces que claman en la multitud. Somos los criminales que son puestos en libertad.

5. Según 23:25, ¿a la voluntad de quién entregó Pilato a Jesús?

6. Relaciona la referencia bíblica con su texto:

Isaías 53:10	*Aquellos cuyos nombres no estaban escritos en el libro de la vida que pertenece al Cordero que fue sacrificado antes de la creación del mundo.*
Juan 10:18	*Nadie me la quita, sino que Yo la doy de mi propia voluntad.*
Apocalipsis 13:8 (NTV)	*Pero quiso el Señor quebrantarlo.*

Antes de señalar con dedos acusadores a esta multitud o a todo un grupo de personas, recordemos que nuestro Dios tiene el control, siempre y para siempre soberano en voluntad y dirección. Jesús no estaba a merced de Pilato o del pueblo. Padre, Hijo y Espíritu habían estado actuando en completa unidad desde la fundación del mundo en este plan perfecto de redención. ¡Y esta es una buena noticia! Por más trágica que fuera la solución a nuestro problema de pecado, *necesitábamos* que Él muriera; cada persona y régimen que participó en ese proceso fue una parte necesaria de la historia de redención. Él fue herido por nuestras iniquidades, y por sus llagas fuimos nosotros sanados.

DÍA 2

LUCAS 23:26-43

LEE LUCAS 23:26-43

Hoy nos reunimos en torno a la cruz de Jesucristo. Y no estamos ahí solos.

1. **Revisa todo el pasaje de nuevo y anota cualquier individuo o grupo de gente mencionado además de Jesús.**

Este relato de la crucifixión ofrece una perspectiva única y hermosa que podemos pasar por alto si lo leemos demasiado rápido. Lucas, nuestro detallado escriba, dedica poco o nada de tiempo a registrar los detalles de la crucifixión en sí. No se menciona que el cuerpo de Jesús fue golpeado hasta quedar irreconocible. No hay señal de la corona de espinos. No hay descripción de los clavos siendo martillados en la carne de Cristo. No se menciona la lanza. ¿Podría ser que el doctor Lucas, educado en los efectos médicos de semejante tortura en el cuerpo humano, no pudo escribir sobre el dolor de su Salvador? Sin duda, había escuchado cada detalle brutal de la escena del asesinato de numerosos testigos presenciales; sin embargo, se centró únicamente en lo que parecía ser el enfoque principal de Jesús: la multitud alrededor de la cruz.

2. **Repasa 23:26.**

No se nos dan muchos detalles acerca de Simón. Sabemos que era de Cirene (una ciudad ubicada en la actual Libia). Ya había viajado unos mil quinientos kilómetros, probablemente para la fiesta de la Pascua, pero todavía le quedaba un largo camino por recorrer. Lucas nos dice claramente que Simón cargó la cruz de Jesús (probablemente solo el travesaño) *detrás* de Él. Simón siguió literalmente los pasos de Jesús con una viga sobre su espalda como una representación física de lo que Cristo ahora invita a cada discípulo a hacer (Lucas 9:23; 14:27). Simón sabía que no tendría que enfrentar la muerte eterna en la cruz que cargaba. Y ahora, gracias a Jesús, tampoco nosotros tenemos que hacerlo.

3. **Repasa 23:27-31.** Este encuentro está registrado solo en el Evangelio de Lucas. ¿Qué piensas: quiénes eran las "hijas de Jerusalén"? ¿Cuál era el significado del árbol verde y el seco?

Jesús probablemente era seguido por un grupo de mujeres que buscaban ofrecer a los condenados una bebida con droga como medio de alivio. Jesús no recibió nada, pero ofreció una advertencia. Ya había hecho múltiples advertencias sobre el peligro de rechazarlo a Él y sobre la destrucción venidera (19:43; 21:6; 21:22-24). Y en el camino hacia su propia muerte, su corazón se dirigió hacia su pueblo. Incluso les advirtió nuevamente: "Si esto sucede con el árbol verde [Jesús refiriéndose a su propia inocencia], ¿qué sucederá con el árbol seco [aquellos que son culpables y merecen castigo]?". Estas no eran palabras fáciles, pero es el amor abundante de Cristo el que llamó a las personas al arrepentimiento incluso mientras caminaba hacia la muerte.

4. **Repasa 23:32-38.** Escribe la oración de Jesús en 23:34. ¿Qué significa esto para la multitud? ¿Qué significa esto para nosotros?

Es vital que imaginemos esta escena para que la gravedad de esta oración no se desvanezca como un susurro en medio de la multitud. La cruz no es fácil de mirar, pero *debemos* mirarla. En ella yace nuestra salvación.

Imagina sus ojos, amoratados e hinchados por los golpes.

Imagina sus pulmones, colapsando y llenándose de líquido.

Imagina astillas, desgarradas clavándose en su columna, desnuda y expuesta.

Imagina el tormento físico.

Imagina la soledad y el peso psicológico.

Ahora imagina un dolor mayor que ese dolor, una angustia que hizo que todo otro sufrimiento fuera soportable, incluso valiera la pena: la angustia de Dios separado de su pueblo pecador, anhelando la restauración. Imagina un Dios tan bondadoso, tan compasivo, tan comprometido a cumplir su plan eterno y restaurar la unidad con su amado pueblo, que soportó un castigo inimaginable, aceptó insultos descarados y humillantes, y recibió el estremecedor aguijón del metal frío en su carne. Y aun así parpadeó a través de una visión borrosa para mirar a los gobernantes y soldados que lo provocaron todo, y oró: "Padre, perdónalos".

Este es el Dios que oró por ellos. Este es el Dios que ora por nosotros.

5. Haz una pausa y simplemente agradece a Jesús. No te apresures a pasar este momento. Estas son cosas santas que estamos llamados a recordar (22:19).

6. **Repasa 23:39-43.** ¿Cuáles fueron las reacciones de los dos criminales hacia Jesús? ¿Cuál fue el resultado?

	Reacción hacia Jesús	Resultado
Criminal n.º 1		
Criminal n.º 2		

No sabemos el momento exacto en que el corazón de uno de los criminales se volvió hacia el arrepentimiento. Tal vez escuchó a Jesús orar por sus verdugos y esperó que esa misma gracia pudiera extenderse incluso a él. Lo que sí sabemos es que la bondad de Dios lleva al arrepentimiento (Romanos 2:4). Y nadie tuvo una perspectiva de la bondad de Dios como este hombre que colgaba a su lado mientras Él perdonaba a los que le crucificaban.

Nunca es demasiado tarde para que Dios salve. Vuelve a la página 151 y escribe nuevamente los nombres de las cinco o más personas por las que sigues orando para que reciban a Jesús como su Señor y Salvador. Dedica un tiempo a orar por ellos.

DÍA 3

LUCAS 23:44-56

LEE LUCAS 23:44-56

1. **Repasa 23:44-49.** Marca las horas que se mencionan en 23:44-45.

En medio del día, cuando el sol debería estar en su punto más alto, la tierra se oscureció de 12:00 a 3:00 de la tarde. ¿Por qué? Dios usó eventos físicos para representar realidades sobrenaturales.

En el principio Dios pronunció una palabra creadora y profética: "Sea la luz" (Génesis 1:1). En Juan 1:1-4, el apóstol recogió este grito profético: "En el principio ya existía el Verbo… en él estaba la vida, y la vida era la luz de los hombres". Jesús *era* y *es* la Luz de la vida. La luz del día se desvaneció mientras la Luz de los hombres moría. Pero sabemos que la oscuridad no lo vence (Juan 1:5).

Mientras Él moría, otra realidad espiritual se desgarraba en lo natural cuando el velo del templo se rasgó en dos. Ya no sería Dios cubierto tras cortinas gruesas, donde solo unos pocos justos podían entrar. Todos ahora podían acercarse a la presencia de Dios con confianza (Hebreos 4:16).

2. Escribe la última oración de Jesús en la cruz según 23:46.

Jesús es eternamente Dios, pero también fue completamente hombre. En su tiempo en la tierra, continuamente sometió su carne a su divinidad. El *Espíritu* lo condujo al desierto para ser tentado (4:1). Regresó a Galilea en el poder del *Espíritu* (4:14). Él dice en Juan 5:19 que "el Hijo no puede hacer nada por su cuenta, sino lo que ve hacer al Padre". Hebreos 5:7-10 incluso dice que Él tuvo que aprender la obediencia, mucho de ello a través de la oración. Esto fue evidente en las últimas horas antes de su traición cuando oró: "No se haga mi voluntad, sino la tuya" (Lucas 22:42). La comunión incesante con el Padre y el Espíritu había fortalecido su vida, y ahora fortalecería su muerte.

3. Jesús vivió completamente sometido en todas las áreas de su vida, incluyendo su muerte. Considera el cuadro siguiente y tómate un tiempo para preguntarle a Dios en qué áreas estás intentando vivir en tus propias fuerzas. Marca dos o tres áreas. Buscando la guía del Espíritu Santo, escribe al menos un paso de acción para cada área que marcaste, que representará físicamente tu dependencia espiritual.

Área de la vida	Acción correspondiente
Economía	
Relaciones	
Salud física	

Área de la vida	Acción correspondiente
Carrera/Trabajo	
Aficiones/ocio	

4. ¿Cuál fue la primera respuesta del centurión a la muerte de Jesús?

Cuando Jesús entregó su último aliento, el centurión declaró a Jesús inocente mientras alababa a Dios. ¡Una respuesta tan extraña al comprender que había ayudado a golpear, humillar y asesinar a un hombre inocente! Parece como si todos estos eventos físicos trabajaran juntos para convencerlo de la realidad sobrenatural. Tal vez había escuchado las oraciones de Jesús. Tal vez había oído la interacción de Jesús con el criminal. Tal vez el cielo oscureciéndose en medio de todo eso iluminó sus ojos espirituales. Algo sobre la forma en que Jesús murió, convenció al centurión de su identidad. Deja que eso penetre en tu corazón.

5. Dios puede usar circunstancias oscuras para iluminar verdades espirituales. ¿Cómo ha usado Dios el dolor de otros o incluso tu propio sufrimiento para revelarse a ti? Considera compartir esta historia con un amigo o miembro de la familia, alabando a Dios con tu testimonio.

6. **Repasa 23:50-56.** ¡Vamos a hacer otro perfil rápido de redes sociales! Escribe cada detalle sobre José en 23:50-53.

Sabemos por los Evangelios de Lucas y Juan que José de Arimatea era un seguidor secreto de Jesús que ocupaba una posición de alto rango en el Sanedrín. Esto significa que probablemente estuvo presente en muchas (si no todas) de las conversaciones sobre el juicio y veredicto de Jesús. Sabemos que no estaba de acuerdo, pero no sabemos si se expresó al respecto. José puede que no haya servido a Jesús de muchas maneras, pero en su muerte sirvió al Salvador de una manera que solo él pudo hacerlo. Ninguno de los apóstoles pobres de Jesús habría podido costear un modo de quitar el cuerpo de Cristo de la cruz ni proporcionar un sepulcro para Él.

7. **Vuelve a leer 23:54-56 y lee Éxodo 12:21-28. Usando un diccionario bíblico o una enciclopedia, busca "día de preparación".** ¿Cuál es el significado de que Jesús haya muerto en este día?

Un cordero sacrificial era el centro de la comida de la Pascua. En los cuatro días previos a la fiesta, cada familia seleccionaba un cordero *perfecto*. El día antes de la Pascua, el día de preparación, lo sacrificaban, ponían su sangre en las puertas de sus casas y luego comían el cordero juntos al atardecer. Esta comida, este sacrificio, se hacía cada año en recuerdo de la liberación de Dios de la esclavitud en Egipto. La sangre del cordero los había cubierto del juicio y les había abierto un camino para caminar hacia la tierra de la promesa.

Quedó claro en 23:54-56: Jesús es ahora el Cordero de la Pascua perfecto. Su sangre abrió un camino para que el juicio del pecado pasara sobre nosotros. Su sacrificio proporciona el camino hacia la verdadera libertad.

Nuestro pasaje concluye con mujeres yendo a preparar especias y ungüentos para más tarde embalsamar el cuerpo mutilado de Jesús. Su día terminó en dolor y oscuridad. Nosotros también terminaremos ahí. Deja que el peso del sacrificio de Jesús obre en tu corazón antes de continuar con el resto de tu día.

DÍA 4

LUCAS 24:1-35

LEE LUCAS 24:1-35

¿Quién está listo para un día lleno de buenas noticias?

1. **Repasa 24:1-7.**

Si tienes un *podcast* o programa de crímenes reales favorito, sabes cuán vital es la evidencia en una investigación. *Cuanto mayor es la evidencia, mayor es el argumento.* Ya sea utilizada para condenar, defender o rectificar, la evidencia juega un papel crucial en la certeza de una afirmación.

Cuando se trataba de la asombrosa afirmación de que un hombre resucitó de entre los muertos después de que toda una ciudad lo había visto crucificado solo días antes, Lucas necesitaba registrar pruebas sustanciales para validar el testimonio de la tumba vacía:

- Se removió una piedra.
- No se encontró el cuerpo muerto.
- Hombres vestidos con ropas deslumbrantes (ángeles) confirmaron que Él había resucitado.
- Al menos cuatro personas vieron el sepulcro vacío.

- Los lienzos funerarios quedaron atrás.
- Y si eso no fuera suficiente, está el hecho de que Jesús mismo había testificado repetidamente que esto sucedería (Lucas 9:22; 9:44; 18:31-33).

Ha habido casos mucho menos significativos ganados con mucha menos evidencia. Lucas tampoco es un investigador de segunda categoría. En su libro *The Bearing of Recent Discovery on the Trustworthiness of the New Testament* [La influencia de los descubrimientos recientes en la fiabilidad del Nuevo Testamento], Sir William Ramsay, arqueólogo y autoridad principal en la historia de Asia Menor, escribió: "[Yo sostengo] la opinión de que la historia de Lucas es insuperable en su confiabilidad. . . Puedes presionar las palabras de Lucas en un grado más allá de cualquier otro historiador, y resistirán el escrutinio más agudo y el trato más duro".[8]

Deja que el veredicto de los deslumbrantes ángeles se mantenga: "No está aquí, sino que ha resucitado".

2. **Repasa 24:8-12.** ¿Quiénes estaban en el sepulcro esa mañana temprano? ¿Por qué estaban allí?

Las mujeres de las que leímos en 23:55-56 probablemente eran las mismas mencionadas aquí. Según la ley judía, a los hombres no se les permitía tocar cadáveres porque los hacía ceremonialmente impuros. La cultura había asignado a las mujeres este trabajo humilde de embalsamar un cuerpo. Pero en el sepulcro vacío, vemos cómo la vida de Jesús ya estaba creando un nuevo reino. Aunque ellas habían llegado al sepulcro llevando especias para ungir un cuerpo, se fueron de allí ungidas para llevar el mensaje del evangelio. El mundo puede haber pasado por alto a las mujeres, incluso menospreciándolas, ¡pero Jesús confió a las mujeres el mensaje y las capacitó para que fueran a compartir las buenas nuevas!

Pedro recibió esta noticia de las mujeres y corrió a verlo por sí mismo. Efectivamente, Jesús no estaba allí. Entonces, ¿dónde estaba?

---

8. Sir William M. Ramsay, *The Bearing of Recent Discovery on the Trustworthiness of the New Testament*, 4ª ed. (Londres: Hodder and Stoughton, 1920), pp. 81, 89.

3. **Repasa 24:13-27.** ¡Practiquemos un poco de geografía! Rodea con un círculo Jerusalén en el siguiente mapa. Luego rodea con un círculo Emaús[9] y traza una línea entre ambos representando un camino.

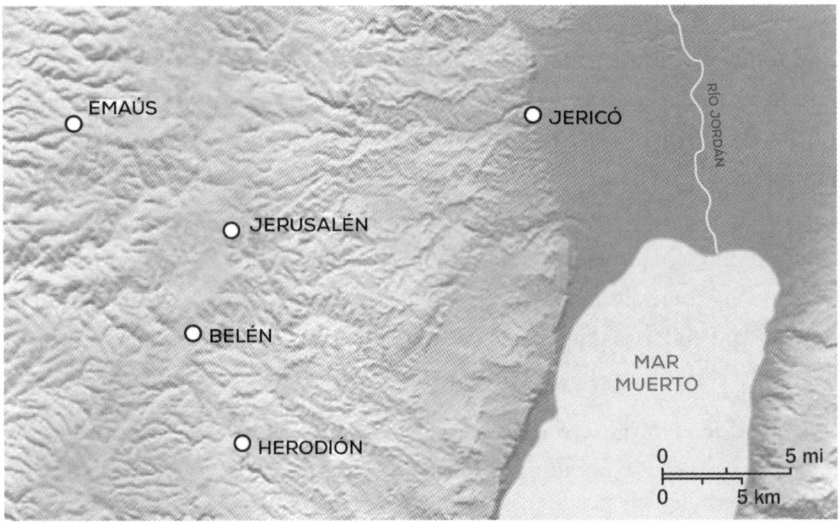

Lucas pasó de la evidencia de un sepulcro vacío a los testimonios de testigos oculares que vieron a Jesús vivo.

4. Llena los espacios en blanco para completar 24:15.

Y mientras conversaban y discutían, Jesús mismo _____ __________ y ____________ _______ __________.

Este versículo podría ser una declaración teológica que describe la nueva vida en el reino. No es una coincidencia que esto fuera lo que Jesús hizo justo después de resucitar de entre los muertos. Es una pequeña historia que revela la narrativa más amplia. Debido a su sacrificio, muerte y resurrección, la humanidad no tiene que ir a un *lugar* para encontrar la presencia de Dios. No se necesita templo. No se requieren más sacrificios. El Espíritu de Jesús ahora llena a cada creyente y los acompaña en cada viaje, revelando progresivamente al Salvador para que podamos llegar a ser más como Él (Juan 15:26).

9. Los expertos no se ponen de acuerdo sobre la ubicación exacta de Emaús.

5. Empareja la profecía del Antiguo Testamento con su cumplimiento en el Nuevo Testamento.

Génesis 12:3	Lucas 4:28-29
Isaías 7:14	Mateo 2:14-15
Oseas 11:1	Hechos 3:25-26
Isaías 53:3	Lucas 1:35

Hay más de 400 profecías mesiánicas registradas en el Antiguo Testamento. Acabas de hacer un ejercicio que muestra cómo Jesús cumplió cuatro de ellas. En realidad, Él cumplió casi 350 al pie de la letra durante su ministerio terrenal (las otras se refieren al futuro).

Para poner esto en perspectiva, la probabilidad matemática de que una persona cumpla solo *ocho* profecías perfectamente es 1 entre 10^{17} (100 000 000 000 000 000). La probabilidad de que una persona cumpla dieciséis profecías es 1 en 10^{45} (1 000 000 000 000 000 000 000 000 000 000 000 000 000 000 000 000). Estas cifras provienen de un estudio realizado por el profesor Peter Stoner en el Westmont College, verificado por la American Scientific Affiliation y documentado en su libro *Science Speaks* [Habla la ciencia].[10]

Que un solo hombre cumpla perfectamente casi 350 profecías es una improbabilidad matemática increíble. (Si deseas asistencia algebraica adicional sobre esta ecuación específica, tendrás que comprar otro libro. ¡Esto es un estudio bíblico! Solo has de saber que es una matemática que solo la Biblia podría crear... ¡Matemática bíblica!)

En este momento, Jesús tomó toda la Escritura y la señaló hacia Él mismo. Esto es asombroso, y este es el Salvador.

6. **Repasa 24:28-35.** ¿Cuándo se dieron cuenta los viajeros de que el hombre que viajaba con ellos era Jesús? ¿Cuál es el significado de *cómo* se les abrieron los ojos?

10. *Peter W. Stoner, Science Speaks: An Evaluation of Certain Christian Evidences* (Chicago: Moody Press, 1963), pp. 106, 108.

Incluso después de su caminata a Emaús y la clase de seminario, los hombres aún no reconocían a Jesús. No fue hasta que Él partió el pan con ellos.

Este fue un momento que les abrió los ojos, tanto físicamente como espiritualmente. Imagina a Jesús sentándose a la mesa, partiendo el pan y dándoselo a cada uno de ellos. Tal vez fue en ese preciso momento —cuando extendió su brazo para entregarles el pan— que vieron sus muñecas por primera vez, aún marcadas por las cicatrices de la crucifixión. Al verlas, sus ojos se abrieron y verdaderamente vieron. El nuevo pacto que Jesús había instituido alrededor de una mesa en la cena solo unas noches antes, ahora se ofrecía plenamente: "Esto es mi cuerpo que por ustedes es dado" (22:19).

¡Jesús estaba vivo! Mientras levantaban sus ojos en esa comprensión llena de asombro, Él ya no estaba. Pero no te preocupes, lo verán nuevamente mañana.

DÍA 5

LUCAS 24:36-53

LEE LUCAS 24:36-53

¡El día de hoy comienza con un susto inesperado!

1. **Repasa 24:36-37.**

> Los discípulos encerrados en una habitación: "¡Vimos a Jesús en el camino! ¡Está vivo!".
>
> Jesús, apareciendo de la nada: "¿Alguien está hablando de mí?".

Ya sea que Jesús haya hecho esto como una revelación adicional de su divinidad o como una muestra de su sentido del humor (o ambas cosas), ciertamente responderíamos como lo hicieron los discípulos.

2. **Repasa 24:38-43.** ¿Qué hizo Jesús para convencer a los discípulos de que realmente era Él y no un espíritu? ¿Qué revela esto acerca de su humanidad y su divinidad?

Una de las principales intenciones de Lucas es revelar a Jesús como el Hijo del Hombre. De hecho, "Hijo del Hombre" es el título que más usa Jesús para referirse a sí mismo.

3. Todas las referencias de Lucas se enumeran a continuación. Cuéntalas y escribe el total como una forma de comprender cuán importante es esto. Rodea con un círculo cinco de ellas y búscalas para refrescar tu memoria sobre estas historias que hemos cubierto.

5:24	9:58	17:26	22:22
6:5	11:30	17:30	22:48
6:22	12:8	18:8	22:69
7:34	12:10	18:31	24:7
9:22	12:40	19:10	
9:26	17:22	21:27	
9:44	17:24	21:36	

Total: _______

Todas estas referencias fueron dichas por el propio Jesús, excepto la última, que fue pronunciada por el ángel que citaba a Jesús al anunciar su resurrección.

En Génesis 1–2 Dios creó a la humanidad para gobernar la tierra *con* Él, pero la humanidad eligió el pecado y rompió esta sociedad divina. Dios castigó a Adán y Eva; pero también les dio una promesa: un hijo nacería para restablecer el reino perfecto de Dios (Génesis 3:15). Siglos después, un exiliado judío llamado Daniel recibió un sueño profético que se refería a este Salvador como "el Hijo del Hombre". Para que la humanidad fuera salva, debía venir un ser humano perfecto, vencer el poder del pecado y la muerte, y establecer un reino eterno (Daniel 7:13-14).

Si Jesús realmente era el Salvador, era imprescindible que viniera como humano, muriera como humano y resucitara como humano. Por eso invitó a los discípulos a ver sus cicatrices *físicas* y tocar su cuerpo *físico*. Este pequeño acto reveló una verdad salvadora: "*Yo soy el Hijo del Hombre, el Salvador del mundo*".

Y por si eso no fuera suficiente, Él pidió algo de comida. Los fantasmas no comen, pero los humanos sí (preferiblemente no pescado *a la parrilla,* pero vamos a ser indulgentes con los discípulos considerando que estaban escondidos).

4. **Repasa 24:44-45. Regresa al estudio de ayer como ayuda para llenar los espacios en blanco.**

Número de profecías mesiánicas en el Antiguo Testamento:

____

Número de profecías mesiánicas que Jesús cumplió durante su ministerio terrenal: ________________

Los discípulos habían crecido siendo entrenados en cada letra de la ley. Podían citar las profecías mesiánicas. Todo su calendario judío estaba orientado en torno a recordar la obra de Dios y vivir con la esperanza del Mesías. Y, aun así, necesitaban ayuda para ver a Jesús como el cumplimiento de todo eso.

La familiaridad y la educación no son suficientes para ver el verdadero significado espiritual que contiene un libro que está vivo y activo. La revelación bíblica siempre requiere la ayuda de Dios. Gracias a Dios por el Espíritu Santo, nuestro Ayudador.

5. Si has pasado por todo este estudio bíblico y aún sientes que hay mucho que no entiendes, *¡cobra ánimo!* Este caminar con Jesús es un viaje de toda la vida. Tómate un tiempo para escribir una oración, entregando todas tus inseguridades bíblicas a Dios. Pide más sabiduría y más ayuda del Espíritu Santo. Jesús promete responder a esas peticiones con un sí (Lucas 11:13, Santiago 1:5).

6. **Repasa 24:46-49 y ¡alégrate!** El evangelio estaba en camino hacia nosotros.

Esta es la narración de Lucas sobre la Gran Comisión (ver también Mateo 28:16-20). ¿La conclusión? Los discípulos debían ir y hacer más discípulos *de todas las naciones*. Jesús los envió con el poder del Espíritu Santo hasta los confines de la tierra: *¡eso somos nosotros!*

Ya sea que estés leyendo esto con un grupo en Carolina del Sur o tú solo en Singapur o en Hispanoamérica, eres prueba de que la comisión de Jesús se está cumpliendo. El mensaje de la resurrección de Jesús fue llevado desde esa pequeña habitación, por un puñado de personas, a través de siglos y mares, para llegar hasta ti. ¡Gloria a Dios!

7. **Repasa 24:50-53.** ¿Dónde termina la narración de Lucas?

El Evangelio de Lucas comenzó con Zacarías sirviendo en el templo y terminó con los discípulos gozándose en el templo. El Evangelio de Lucas está, literalmente, envuelto en el gozo de Jesús y su presencia.

Al cerrar este libro de estudio, dejémoslo con el mismo gozo que Lucas dejó a los discípulos: alegrándonos juntos con una sola voz, ¡que Él es donde está el gozo!

8. ¿Qué es lo que más te impactó en el estudio de esta semana? ¿Por qué?

9. ¿Qué aprendiste o recordaste sobre Dios y su carácter esta semana?

DÍA 6

SALMO CORRESPONDIENTE Y ORACIÓN

LEE SALMOS 134

1. ¿Qué correlación ves entre Salmos 134 y el estudio de esta semana sobre Jesús como Salvador?

2. ¿Qué porciones de este salmo captan más tu atención?

3. Termina haciendo esta oración en voz alta:

Padre,

La sangre de tu Hijo marcó mi vida para que el juicio del pecado pasara de largo sobre mí. Tú derrotaste la muerte y la tumba, y abriste un camino para que yo esté contigo para siempre. ¡Qué gozo! Me uno a todos los santos que se han ido antes que yo, todos los que forman parte de tu familia y que ya han pasado por el velo de la muerte, y a todos los santos vivos hoy y todos los que vendrán después de mí mientras bendecimos tu nombre. ¡Tú solo eres el verdadero Dios eterno!

Sin embargo, incluso después de haber visto tu obra milagrosa, todavía he mantenido ciertas áreas de mi vida separadas de ti, no sometiéndolas ni a ellas ni a mí mismo a tu plan perfecto. Cuando las dificultades han llegado a mi vida, he señalado hacia ti en lugar de señalar hacia nuestro mundo caído y quebrado o a mis propias acciones pecaminosas.

Yo soy Barrabás, el prisionero pecador liberado por tu sacrificio perfecto. Y cuando tomaste mi lugar, oraste por mí. Tu amor es impresionante, desgarra y a la vez restaura el corazón.

Quiero entenderte más a ti y a tu reino. Multiplica mis esfuerzos y envía tu Espíritu para darme sabiduría, para que día tras día aprenda más sobre quién eres, qué estás haciendo, y cuánto amas a tus hijos.

Te rindo mi vida, Señor; en cada momento de mi día y en cada decisión que tome, someto mi voluntad y mi camino a tu perfecta voluntad y camino.

Yo también te amo. Amén.

DÍA 7

DESCANSA, PONTE AL DÍA O PROFUNDIZA

RETO SEMANAL

Concluimos nuestro estudio esta semana con la muerte, sepultura y resurrección de Jesús. Al hacerlo, miremos atrás a las últimas diez semanas y recordemos todo lo que Él vivió en su camino hacia la cruz.

Repasa cada semana de este estudio y escribe una forma en la que fuiste impactado o un momento en el que Dios y su Palabra te hablaron. Si te sientes creativo, haz una obra de arte documentando lo que has aprendido en cada capítulo de este estudio.

Dios sigue enseñándote más sobre Él mismo y haciéndote crecer en intimidad con Él. Alábalo por lo que ya ha hecho en ti. Que esta reflexión también te guíe hacia lo que aún le estás pidiendo que haga en tu vida. Recuerda: ¡la cruz, sepultura y resurrección de Jesucristo significan que siempre hay esperanza!

PARA LÍDERES DE GRUPO

¡Gracias por usar este estudio y también por liderar a otros a través de él! Cada semana tiene una amplia variedad de contenido (contenido y preguntas, lectura bíblica diaria, memorización de versículos, reto semanal y recursos) para ayudar al lector a desarrollar un abanico de disciplinas espirituales. Siéntete libre de incluir tanto o tan poco de eso en tus reuniones como quieras. Los detalles proporcionados en "Cómo usar este estudio" (págs. 9-11) serán útiles para ti y para todos los miembros de tu grupo, así que asegúrate de revisar esa información juntos.

Depende de ti y de tu grupo cómo les gustaría estructurar sus reuniones, pero sugerimos incluir tiempo para dialogar sobre el estudio y el texto bíblico de la semana, el aliento mutuo y la oración. Además, tal vez quieras practicar juntos los versículos de memorización de la Escritura como grupo o en parejas. A medida que compartas con los demás, "consideremos cómo estimularnos unos a otros al amor y a las buenas obras" (Hebreos 10:24) y "confórtense los unos a los otros, y edifíquense el uno al otro" (1 Tesalonicenses 5:11).

A continuación hay algunas preguntas de ejemplo para ayudar a facilitar la discusión. Está estructurado como un estudio semanal, pero si tu grupo se reúne con una frecuencia diferente, tal vez quieras ajustar las preguntas. Cubre tantas preguntas como el tiempo lo permita, o siéntete libre de crear las tuyas propias. Y no olvides repasar los recursos adicionales que tenemos en inglés y que hemos vinculado para ti en MyDGroup.org/Resources/Luke/.

MUESTRA DE PREGUNTAS DE DISCUSIÓN

¿Qué preguntas te surgieron con el estudio o el texto bíblico de esta semana?

¿Qué te llamó la atención en el estudio de esta semana?

¿Qué notaste acerca de Dios y su carácter?

¿Cómo te desafió tu estudio del texto bíblico? ¿Hay algo que quieras cambiar a la luz de lo que aprendiste?

Lo que aprendiste sobre Dios, ¿cómo afecta tu manera de vivir en comunidad?

¿Qué correlación viste entre el salmo del día 6 y el estudio de esta semana sobre Jesús como Salvador?

¿Has sentido que Dios está obrando en ti a través del reto semanal? Si es así, ¿cómo?

¿Está aumentando tu amor por la Palabra de Dios a medida que avanzamos en este estudio? Si es así, ¿cómo?

¿Algo de lo que aprendiste aumentó tu gozo de conocer a Jesús?

RECONOCIMIENTOS

Olivia Le, quien hace que todas nuestras reuniones de escritura vayan bien, ¡incluyendo las luces y también la comida y los tiempos de diversión!

Rachel Mantooth, que nos infundió vida a lo largo del camino.

Laura Buchelt, que nos construyó una gran estructura y actúa como nuestra principal animadora.

Emily Pickell, que es constante e imperturbable, siempre aportando hermosas ideas y sabiduría.

Meredith Knox, quien proporcionó contenido impresionante *y* alivio cómico.

Meg Mitchell, Evaline Asmah y Brittney Flagg, quienes hicieron que todo funcionara sin problemas desde lejos.

Lisa Jackson, Jeff Braun y Hannah Ahlfield, quienes ayudan a mantenernos en el camino sin tropezar, mientras nos movemos a este ritmo acelerado.

ACERCA DE LA EDITORA

TARA-LEIGH COBBLE

El celo de Tara-Leigh por la alfabetización bíblica la condujo a crear una red de estudios bíblicos llamada *D-Group* (Grupo de Discipulado). Cada semana, cientos de grupos *D-Group* de hombres y mujeres se reúnen en hogares, en iglesias y en línea para el estudio de la Biblia y para rendirse cuentas.

También escribe y presenta un *podcast* diario llamado *La sinopsis de la Biblia (The Bible Recap)*, diseñado para ayudar a los oyentes a leer y comprender la Biblia en un año. El *podcast* ha acumulado más de trescientos millones de descargas en sus primeros cinco años, y más de veinte mil iglesias en todo el mundo se han unido a su plan de lectura para conocer a Dios y amarlo mejor. Se ha convertido en un libro publicado por Bethany House Publishers.

Tara-Leigh es una autora éxito de ventas en la lista del *Wall Street Journal*, habla ante una amplia variedad de audiencias y lidera regularmente viajes de enseñanza a Israel, porque le encanta ver a otros maravillarse con la historia de la Escritura a través de la experiencia de primera mano.

Entre sus cosas favoritas están el agua gasificada y los días de 22 grados con un 55 por ciento de humedad, y piensa que cada comida sabe mejor cuando se come al aire libre. Vive en una caja de cemento en los cielos de Dallas, Texas, donde no tiene mascotas, hijos ni nada que podría morir si se le olvida alimentarlo.

Para más información sobre Tara-Leigh y sus ministerios, puedes visitarla en internet.

Sitios web:
taraleighcobble.com | thebiblerecap.com | mydgroup.org | israelux.com

Redes sociales:
@taraleighcobble | @thebiblerecap | @mydgroup | @israeluxtours

IMAGES
of America

Gay and Lesbian St. Louis

Steven Louis Brawley
and the St. Louis LGBT History Project

ARCADIA
PUBLISHING

ISBN 978-1-4671-1592-6

Published by Arcadia Publishing
Charleston, South Carolina

Library of Congress Control Number: 2015955116

For all general information, please contact Arcadia Publishing:
Telephone 843-853-2070
Fax 843-853-0044
E-mail sales@arcadiapublishing.com
For customer service and orders:
Toll-Free 1-888-313-2665

Visit us on the Internet at www.arcadiapublishing.com

To the LGBT community of St. Louis that came before us and on whose shoulders we stand

CONTENTS

Acknowledgments		6
Introduction		7
1.	Pioneers	9
2.	Places	45
3.	Milestones	73
4.	Groups	91
5.	Everyday Life	109

ACKNOWLEDGMENTS

Merely saying thank you to the individuals and organizations that have assisted in the development of this first-published pictorial history of the St. Louis LGBT community seems inadequate. To anyone I have omitted, I am sorry. It was an unintentional oversight.

Several archives have been invaluable in creating this visual journey into St. Louis's LGBT past. These include the Library of Congress; Missouri History Museum, St. Louis; State Historical Society of Missouri, St. Louis; Walters Art Museum; Department of Special Collections, University Archives, Washington University Libraries; and the *West End Word*.

Scott Lokitz has been capturing St. Louis's LGBT people, places, and events through his camera lens for more than 25 years, and we are greatly indebted to him for sharing his work.

The following individuals are kindred spirits, helping to preserve and promote the LGBT history documented in this pictorial work: Stephen Adams, James Andris, Sharon Cortelyou, Philip Deitch, Everett Dietle, Connie Duncan, Jim Hawkins, John Hilgeman, Philip Hitchcock, Thomas Hundley, Charles Kohler, Ed Laxton, Jo Logan, Lee Maynard, Nancy McIlvaney, Betty Neeley, David Ray, Darin Slyman, Sharon Smith, Mark Swain, Nan Sweet, Sherrill Wayland, Sherie White, and Rodney Wilson.

To the hundreds of supporters of the St. Louis LGBT History Project who have contributed artifacts and images—many of which are featured here—your generosity cannot be measured by words alone. A special salute to Ian Darnell and Colin Murphy for helping me advance the work of the project.

For my mentors—Fred L. Brown (founding CEO of BJC Healthcare), Wendell E. Kimbrough (CEO of Area Resources for Community and Human Services), and Dr. Blanche M. Touhill (chancellor emeritus of the University of Missouri–St. Louis)—I express much appreciation for your years of guidance.

A very important nod to my family and friends for encouraging and fostering my passion and love of history, especially during my Abraham Lincoln and Jackie Kennedy phases. And a big shout-out to my "book" club for your friendship.

Lastly, I thank the pioneering people and organizations whose stories are told through the images in this book. Their legacies will chart better paths for future generations.

INTRODUCTION

As one of America's great cities, St. Louis is known for hosting a world's fair and the first Olympics in the United States, iconic sports teams, and businesses that have manufactured everything from beer to shoes. However, like any city, there are hidden histories.

This book tells many unknown stories of St. Louis's lesbian, gay, bisexual, and transgender community. The social, economic, literary, artistic, and political impact of St. Louis's LGBT pioneers has largely been hidden or, at best, quietly passed down through stories and scrapbooks. As we uncover St. Louis's LGBT history, we find those who worked quietly behind the scenes and others who were vocal about their fight for equality and civil rights.

For more than 250 years, the "Gateway to the West" has been home to men and women who found themselves to be "different" and who found refuge and a place for self-discovery in this diverse and dynamic city. St. Louis's LGBT history begins with 18th-century tales of Native Americans and fur trappers. Like their rough-and-tumble straight counterparts, LGBT settlers headed west to conquer unknown lands. Those who made St. Louis their home found a city heavily impacted by the norms of the day and strong influences from the East Coast and South. By the turn of the 20th century, St. Louis was the fourth-largest city in the United States. Its exciting urban environment created a mecca for LGBT people during its heyday. No longer bound by agrarian lives, the economically vibrant city offered a chance for personal independence and opened up new possibilities for people with same-sex desires.

However, we can only imagine how difficult life sometimes would have been for the LGBT community back in the day. Fear of discrimination led many LGBT people to keep their true selves hidden, only leaving behind what is often a scant and shadowy historical record. As exciting as it has been to help assemble and contextualize these rare images, there is also the sad realization that much of St. Louis's LGBT history is forever lost. And while the history of gay white males has been well documented, there are missing gaps in LGBT history related to the African American and transgender communities both in St. Louis and nationally. It is hoped that scholars will continue to address this void.

So, while there may not be pictures to accompany every story, there are certainly many amazing tales to tell. We know that in 1804 Meriwether Lewis and William Clark embarked on an expedition from St. Louis with the purpose of exploring the newly acquired lands of the Louisiana Purchase. Nicholas Biddle, a member of the expedition, recorded that among Indians if a boy showed any signs of effeminacy or girlish inclinations, he was put among the girls, dressed in their way, brought up with them, and sometimes married to men. These individuals were referred to as *berdaches*. As a major Native American community, the St. Louis inhabits would have certainly had berdaches.

We know that the visit of famed Irish writer, poet, and satirist Oscar Wilde in October 1882 was front-page news. His celebrity was widely covered, and the fascination with the gay man was reported in all the major newspapers of the day.

We know that on February 23, 1892, Dr. Charles Breedlove, a young dentist, committed suicide at Hurst's Hotel. The story made national headlines due to his infatuation with a "friend," Isaac Judson. Upon his death, Breedlove wore a locket about his neck containing the picture of the man he loved.

We know that St. Louis had laws against cross-dressing (masquerading) from 1864 to 1985 and against consensual sodomy from 1812 to 2006.

We know of many notable St. Louisans—business leaders, philanthropists, actors, writers, architects, and so forth—whose alleged LGBT status is often whispered about but not proven by fact or record.

We know that in a 1906 essay published in the *St. Louis Medical Review* titled "The Problem of Sexual Variants," Dr. T.H. Evans claimed there were two causes for the increase in homosexuality. First was the decreased need for propagation of the species, and secondly changes in the sexual division of labor that was having an impact on erotic interest.

We know that two years later, in 1908, under the pseudonym Xavier Mayne, Edward Prime Stevenson published a sexology study, *The Intersexes*, a defense of homosexuality from a scientific, legal, historical, and personal perspective. He lists St. Louis as one of America's homosexual capital cities. He also cites the case of St. Louisan "Johann Burger," born with the name Anna Mattersteig. She was living matrimonially with another young woman, Martha Gammater, who claimed to not know her husband was a woman.

We know, from a Bureau for Men's 1930 study on St. Louis's homeless boys that a young man in their care was paroled after being classified as a pervert and pansy. He was sent to a farm to help aid in his rehabilitation. It was reported that he owned chickens, read, took physical exercise for "muscles," and wanted to learn interior decorating.

We know that from the 1930s to 1950s a small network of gay and lesbian bars began to appear in the city directory, including Betty's CB, Dante's Inferno, Entre Nous, Madame Touhy's, and Uncle John's.

We know that in 1969 Robert Rayford died in St. Louis. He is considered by many in the medical community to be the first confirmed case of HIV/AIDS in North America. His death baffled doctors, who could not account for Rayford's symptoms. The cause of his death was attributed to HIV/AIDS in 1987.

We know that in the early 1970s the St. Louis lesbian community was very active and organized and featured businesses that included a car-repair shop, bookstore, coffeehouse, and magazine promoting self-reliance and sisterhood.

We know in 1973 a pride parade ran from the Red Bull Bar in East St. Louis, through downtown St. Louis, and to its destination of Forest Park.

And, we know that it was 11 years after the founding of the first St. Louis homophile rights organization—the Mandrake Society—that the "Gateway City" held what is typically remembered as its first official pride parade and festival. At the rally on April 20, 1980, at Washington University, Larry Davis, cochairperson of the National Association of Social Workers Task Force on Gay Issues, addressed members of the crowd, many of whom were in disguise to conceal their identities. Here are two selected quotations from his speech:

> The very fact that we have today marched down Lindell Boulevard on a Sunday afternoon in the buckle of the Bible Belt is proof in itself of how far we have come in 11 years [since Stonewall]. The presence of our heterosexual friends and family members in this gathering is indicative of the effect of our outreach to others and their positive response to us.
>
> Our hope is that our colleagues, whatever their affectional orientation, will contribute to the growing awareness that being gay is not a condemnation to living in fear of self and others. Being gay is in reality a celebration of diversity in the family of all humanity.

Today, the St. Louis annual pride event is held in downtown St. Louis, with the famous Gateway Arch as a backdrop. No longer in the shadows, St. Louis's modern LGBT family is empowered to march without hiding their faces.

Through this visual journey, we will explore the people, places, and events that have shaped the St. Louis LGBT community over the past 250 years. Many of these images have never been seen, and many of these stories have never been told.

One

PIONEERS

PIONEERS. While St. Louis is the hometown of several famous LGBT folks, including Josephine Baker, William Burroughs, Andy Cohen, Thomas Dooley, and Tennessee Williams, its Hall of Fame also includes a cadre of activists, drag queens, leather men, artists, academics, politicians, and business types who have contributed to the rich fabric of the St. Louis LGBT community. (Photograph by Wilbur Wegener, courtesy of Scott Lokitz.)

William Drummond Stewart and Antoine Clement. In 1832, William Drummond Stewart (above, center, wearing a hat), a member of the Scottish nobility, arrived in St. Louis to begin several years of travels to the far reaches of the unknown Western frontier. According to the book *Men in Eden* by William Benemann, Stewart was gay. Through Stewart's letters and novels, Benemann shows that Stewart was one of many men drawn to the sexual freedom offered by the West. His book provides a tantalizing new perspective on the Rocky Mountain fur trade and the role of homosexuality in shaping the American West. Stewart ended up spending the better part of a decade with hunters and trappers. Among them was the highly skilled French Canadian–Cree Indian hunter Antoine Clement (below), who became his intimate companion. (Both courtesy of Walters Art Museum.)

Harriet Hosmer. In the 1850s, Harriet Hosmer (at right) attended St. Louis Medical College and would later become a renowned sculptor on an international scale. She was known to have had several lesbian relationships. Hosmer's public works in the city of St. Louis include the Sen. Thomas Hart Benton statue in Lafayette Park; *Oenone*, her first life-sized figure, in the collection of the Saint Louis Art Museum; and the *Beatrice Cenci* statue (below), on display at the Mercantile Library on the University of Missouri–St. Louis campus. (At right, courtesy of Steven L. Brawley; below, the State Historical Society of Missouri, St. Louis.)

Charlotte Cushman. While performing in St. Louis in the 1850s, Charlotte Cushman, a famous stage actress known for playing male roles, became romantically involved with a local 19-year-old fledgling actress, Emma Crow. With Cushman's encouragement, Crow married Edwin Charles "Ned" Cushman, her lover's nephew. (Courtesy of Library of Congress.)

Mark Twain. Missouri native and frequent St. Louis resident Mark Twain wrote extensively about cross-dressing through his substantial cast of characters who masqueraded as members of the opposite sex or who otherwise defied gender expectations. *The Adventures of Huckleberry Finn* contains cross-dressing, as does his works *Pudd'nhead Wilson*, *Personal Recollections of Joan of Arc*, *1,002nd Arabian Night*, and *How Nancy Jackson Married Kate Wilson and Other Tales of Rebellious Girls & Daring Young Women.* (Courtesy of Library of Congress.)

Affectionate Men, 1880s. In the late 19th century, St. Louis was America's fifth-largest city, with a bustling downtown offering robust commerce and risqué entertainment. It provided an urban oasis for those who lived in the shadows to blend in. There were dozens of famous photography studios in the city during this time. It was common for family and friends to pose for pictures in their Sunday best. Through a modern lens, many of these forgotten vintage images possibly reveal LGBT couples buddied up together. Most of the people in these romanticized photographs were not LGBT. However, this 1880s cabinet card by St. Louis photographer Charles Meier of two men affectionately posing arm in arm symbolizes the countless number of LGBT St. Louisans whose stories are forever lost and undocumented. (Courtesy of Steven L. Brawley.)

Clara Louise Thompson. In 1906, Clara Louise Thompson graduated from Washington University. She would serve as one of the prominent members of the Advisory Council of the Congressional Union for Woman Suffrage and as president of Latin at Rockford College, Illinois. She is the only woman to have won the American Fellowship at the Classical School in Rome. She was the romantic inspiration for many poems penned by noted lesbian professor Jeanette Howard Foster. (Courtesy of Library of Congress.)

Lillie Rose Ernst. This esteemed St. Louis educator was one of the first women to graduate from Washington University. After graduating in 1892, Ernst embarked on a lifelong teaching career at Central High School. She never married, and it is clear that she was very devoted to her female friendships. She was especially close to author Leonora Halsted, who left a $20,000 estate to Ernst in "appreciation of her devoted care . . . and my abiding love." (Courtesy of Department of Special Collections, University Archives, Washington University Libraries.)

KATE CHOPIN AND SARAH TEASDALE. St. Louis is the hometown of two of the world's most respected female writers. The works of Kate Chopin (at right) and Sarah Teasdale (below) have long been admired and studied by feminists and lesbians. Throughout her life, Chopin, author of "The Awakening" and other short stories, such as "A Pair of Silk Stockings," "Désirée's Baby," and "The Story of an Hour," actively searched for female spiritual emancipation, which she found and expressed in her writing. Sara Teasdale (below) also received public admiration for her well-crafted lyrical poetry, which centered on a woman's changing perspectives on beauty, love, and death through such works as "I Am Not Yours," "Alone," and "Buried Love." Both Chopin and Teasdale are buried in St. Louis. (Both courtesy of Missouri History Museum, St. Louis.)

Fannie Hurst. This American novelist graduated from Washington University in St. Louis in 1909. Beginning in 1958, Hurst hosted the talk show *Showcase*, which was notable for presenting several of the earliest well-rounded discussions of homosexuality and as one of the few forums on which homosexual men spoke for themselves rather than being debated by a panel of "experts." (Courtesy of Department of Special Collections, University Archives, Washington University Libraries.)

William Inge. In 1943, William Inge began his career as a drama critic at the *St. Louis Star-Times*. With Tennessee Williams's encouragement, Inge wrote his first play, *Farther Off from Heaven* (1947). While a teacher at Washington University in St. Louis from 1946 to 1949, he wrote *Come Back, Little Sheba*. It ran on Broadway for 190 performances in 1950. Having reportedly lived in the closet his entire life, Inge committed suicide in 1973. He has a star on the St. Louis Walk of Fame. (Courtesy of Steven L. Brawley.)

Josephine Baker. One of St. Louis's most famous residents is legendary singer, actress, and entertainer Josephine Baker. Her son Jean-Claude Baker states in his book *Josephine: The Hungry Heart* that she was involved in numerous same-sex relationships. Baker, who interviewed over 2,000 people while researching his book, wrote that affairs with women were not uncommon for his mother throughout her lifetime. In her later years, she championed civil rights. Reflecting upon her childhood years in St. Louis, she said, "I ran away from home. I ran away from St. Louis. And then I ran away from the United States of America, because of that terror of discrimination, that horrible beast which paralyzes one's very soul and body." (At right, courtesy of Library of Congress; below, Steven L. Brawley.)

Helen Stephens. Nicknamed the "Fulton Flash" after her birthplace of Fulton, Missouri, Stephens was a noted athlete in sprint events. She garnered two Olympic gold medals at the 1936 Olympics held in Germany. Her time of 11.5 seconds was below the world record but was not recognized because a strong tailwind was present at the time of the race. During the 1936 Olympics, it was suggested that Stephens and her 100-meter rival, Stanisława Walasiewicz of Poland, who had both X0 and XY chromosomes, were in fact male. The Olympic Committee performed a physical check on Stephens and concluded that she was a woman. Stephens retired from athletics shortly after and played professional baseball and softball. From 1938 to 1952, she was the owner and manager of her own semiprofessional basketball team. Later in life, she was employed in the research division of the US Aeronautical Chart and Information Service in St. Louis. (Courtesy of Library of Congress.)

Phyllis Diller. A comedian known for her wild hair and distinctive laugh, Phyllis Diller got her start in St. Louis in the 1950s and had a large LGBT following. "My first audience . . . were gay people," she said, "because they have a great sense of humor. They love comedy and they love to laugh. How do you think they got the word gay put on them?" (Courtesy of State Historical Society of Missouri, St. Louis.)

Mr. Mickey. Mickey Marlowe performed in the female impersonator circuit in the 1950s. East St. Louis bars, such as the Stork Club, were favorite stops for these risqué entertainers. In the St. Louis area, people had to cross the river to see drag shows, as it was against the law in the city for men to "masquerade" as women, with bars often being raided and men arrested. The law was overturned in 1985. (Courtesy of Betty Neeley.)

Tom Dooley, MD. Dr. Tom Dooley was a physician in the US Navy who became famous for his humanitarian and anticommunist political activities in the 1950s. A graduate of Saint Louis University, he authored three popular books that described his activities in Vietnam and Laos: *Deliver Us from Evil*, *The Edge of Tomorrow*, and *The Night They Burned the Mountain*. These three were later collected into a single volume and published as *Dr. Tom Dooley's Three Great Books*. The book jacket for *The Edge of Tomorrow* states that Dooley traveled "to a remote part of the world in order to combat the two greatest evils afflicting it: disease and communism." Pres. John F. Kennedy attributed his work in helping create the Peace Corps. It has been reported that Dooley was forced to resign from the US Navy for being gay. (Courtesy of State Historical Society of Missouri, St. Louis.)

Mark Nixon. A 1950s and 1960s beefcake model, Mark Nixon posed for the studios of AMG Photography, Bruce of LA, Western Photography Guild, and others. Nixon appeared in nearly every physique magazine during that period, including *The Young Physique*, *The Male Figure*, *and Muscleboy* (below). He attended Washington University in St. Louis in the late 1950s, where he obtained a bachelor's degree in fashion design. In addition to modeling, he founded his own clothing company in the 1960s, MN Design. Unfortunately, in 1998 he was murdered in his home in Mexico. (Both courtesy of Ed Laxton.)

Julie Tomorrow. In 1973, the first Miss Gay Missouri pageant was held in St. Louis, with the title going to a contestant named Julie Tomorrow. To date, 41 title holders have been crowned Miss Gay Missouri in ceremonies held throughout the state. In addition to representing Missouri at the Miss Gay America Pageant, the winner performs at fundraisers and other charity events for the LGBT community. (Courtesy of St. Louis LGBT History Project.)

Luci Rhinehart and Helen Montgomery. Talented area musicians Luci Rhinehart (left) and Helen Montgomery were known locally in the 1960s and 1970s as The Lu Wows. They passed as sisters, performing at local hotels, restaurants, and clubs. They met in St. Louis after they both returned from serving in the military during World War II. They celebrated 55 years together as a couple. (Courtesy of Missouri History Museum, St. Louis.)

Charlie Davis. This early St. Louis LGBT leader was the proprietor of Charlie's Lounge at 719 North Sixth Street in downtown St. Louis during the 1960s and 1970s. Although a sharp businessman, Davis was better known as "Lady Charles," a well-respected female impersonator who mentored and guided young drag queens aspiring to rise through the ranks of the St. Louis LGBT entertainment scene. (Courtesy of Ed Laxton.)

Phyllis Schlafly. St. Louis native and longtime conservative leader Phyllis Schlafly has been on the "other" side of the fight for LGBT rights. She has been a staunch antigay advocate since the 1960s, fighting against same-sex marriages and civil unions. Schlafly also opposed the passage of the Equal Rights Amendment in the 1970s. Ironically, her son is gay. (Courtesy of Library of Congress.)

Masters and Johnson. William Masters and Virginia Johnson revolutionized the scientific study of sex and pioneered sex therapy at their St. Louis clinic. Concerned with both opposite-sex and same-sex couples, the pair published their findings on the latter in *Homosexuality in Perspective* (1979). From 1968 to 1977, the Masters and Johnson Institute ran a program to convert homosexuals to heterosexuality. This program reported a 71.6 percent success rate over a six-year treatment period. At the time of their earlier work, homosexuality was classified as a psychological disorder by the American Psychiatric Association, a classification which was repealed in 1973. In April 2009, Thomas Maier reported in his biography *Masters of Sex* that "Johnson had serious reservations about Masters' conversion theory, and she suspected that, at worst, the results of the study may have been fabricated by Masters." The couple's work has been the focus of a present-day television project called *Masters of Sex* for Showtime. (Courtesy of Department of Special Collections, University Archives, Washington University Libraries.)

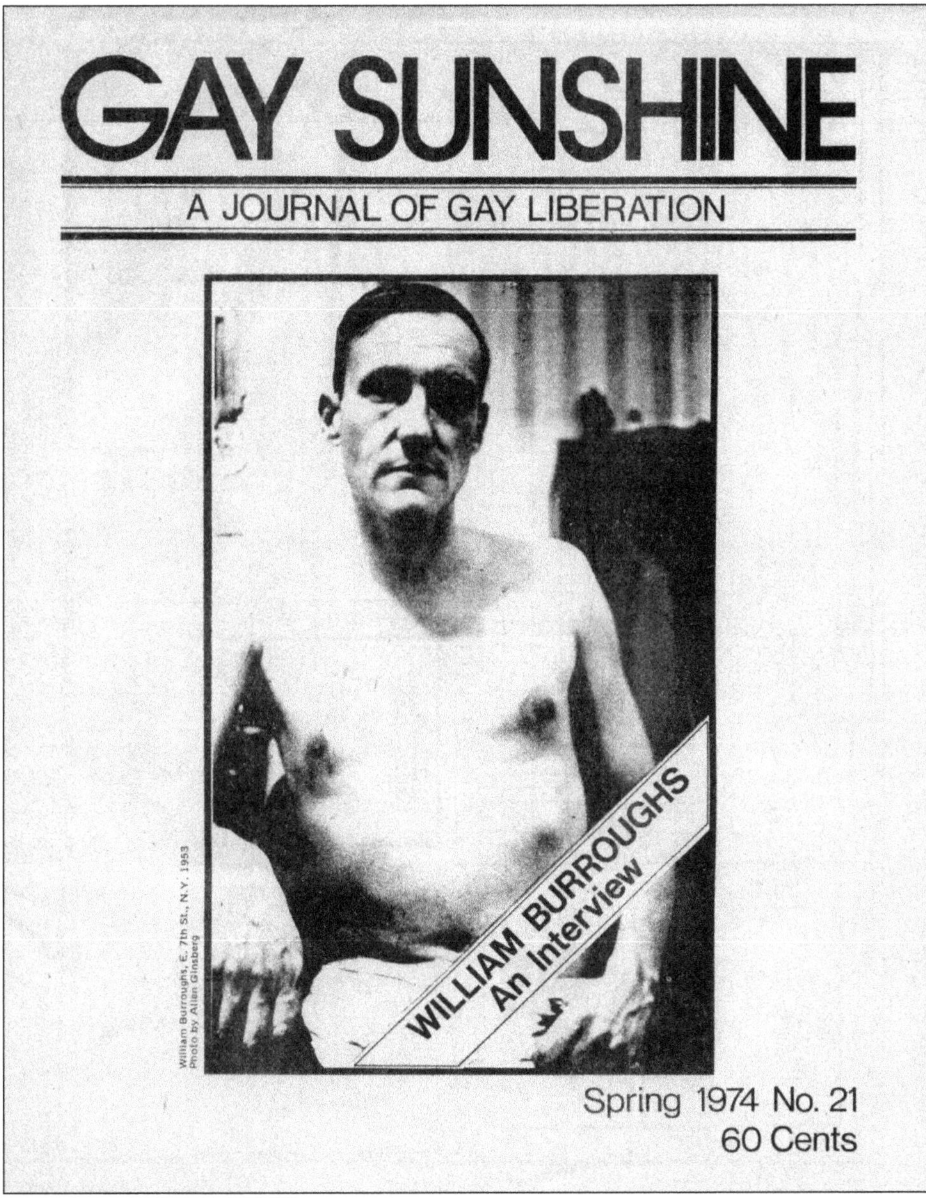

William Burroughs. St. Louis native William Burroughs was an American novelist, essayist, social critic, painter, and spoken word performer. Much of Burroughs's work is semiautobiographical, drawn from his experiences as an opiate addict, a condition that marked the last 50 years of his life. He was a central member of the Beat Generation and an avant-garde author, who influenced popular culture as well as literature. In 1984, he was elected to the American Academy of Arts and Letters. Burroughs wrote 18 novels and novellas, six collections of short stories, and four collections of essays. His best known work was *Naked Lunch*. "I do definitely mean what I say to be taken literally, yes, to make people aware of the true criminality of our times, to wise up to the marks," Burroughs told an interviewer in 1970. Visitors to his grave in St. Louis's Bellefontaine Cemetery often leave cigarettes as a token of remembrance. This photograph of Burroughs was taken by Allen Ginsberg and featured on the cover of the spring of 1974 issue of *Gay Sunshine*. (Courtesy of Steven L. Brawley.)

Tennessee Williams. Pictured at the front far left with his Washington University classmates, Tennessee Williams often expressed disdain for St. Louis. However, later in life, he acknowledged that his formative years in the city, from age 7 to 26, profoundly shaped his writing. In St. Louis, Williams came to know the female psyche through his Southern belle mother, Edwina, and beloved sister, Rose, and came to idealize and hate the male persona embodied in his father, Cornelius. St. Louis would indeed be the semiautobiographical inspiration for his most acclaimed work. In 1944, Williams's *The Glass Menagerie* had a successful run in Chicago and then opened on Broadway. This "memory play" contained several aspects of his family life in St. Louis. Williams was outed by *Time* magazine in the 1950s. During his life, he battled depression and alcoholism. His longtime partner, Frank Merlo, died in 1961 from lung cancer, devastating Williams and leading to a 1969 stay in St. Louis's Barnes Hospital psych ward. He died in 1983 and is buried near his mother in St. Louis's Calvary Cemetery. (Courtesy of Department of Special Collections, University Archives, Washington University Libraries.)

Mac McCann. Mac was the larger-than-life proprietor of a series of lesbian women's-only bars in St. Louis in the 1970s. These bars included Bottom of the Pot at 4755 McPherson Avenue, Middle of the Road on Newstead Avenue, and Mor or Les at 4135 South Grand Avenue. Mor or Les was reportedly firebombed in 1979. (Courtesy of Betty Neeley.)

Howard Meyer. This businessman and LGBT civic leader was the longtime owner of the Complex nightclub on Chouteau Avenue, which was a mainstay of St. Louis LGBT nightlife from 1989 through 2011. He served as an openly gay 6th Ward Democratic Committee member and hosted countless fundraisers starring governors, senators, and presidential candidates. Meyer also served as a LGBT liaison to Mayor Francis G. Slay through two terms. (Courtesy of Scott Lokitz.)

Jann Brigulio and Bonnie Stevens. These early pioneers in the St. Louis lesbian community were longtime owners of Attitudes lesbian bar on Manchester Avenue. They also operated JaBoni's BBQ restaurant just down the street. (Courtesy of Karin Allen.)

Laura Moore. For decades, Moore worked on the frontline of an array of social justice struggles. Appointed to the Civil Rights Commission in 1993, she was the first openly LGBT person ever to hold public office in St. Louis. (Courtesy of Betty Neeley.)

TIM CUSICK. In 1990, this businessman and community leader became the first openly gay candidate for public office in St. Louis. Although he lost the primary election for the Missouri House 64th District, he helped pave the way for future LGBT winning candidates for state and local offices, including Shane Cohen (St. Louis alderman), Mike Colona and Jeanette Mott Oxford (Missouri state representatives), and Terry Crowe (University City council member). (Courtesy of Tim Cusick.)

JEANETTE MOTT OXFORD. This social activist served as a member of the Missouri House of Representatives, representing a portion of St. Louis from 2005 to 2012. A Democrat, she was the first openly lesbian member of the Missouri Legislature. Her campaigns won the backing of the Gay & Lesbian Victory Fund. (Courtesy of Scott Lokitz.)

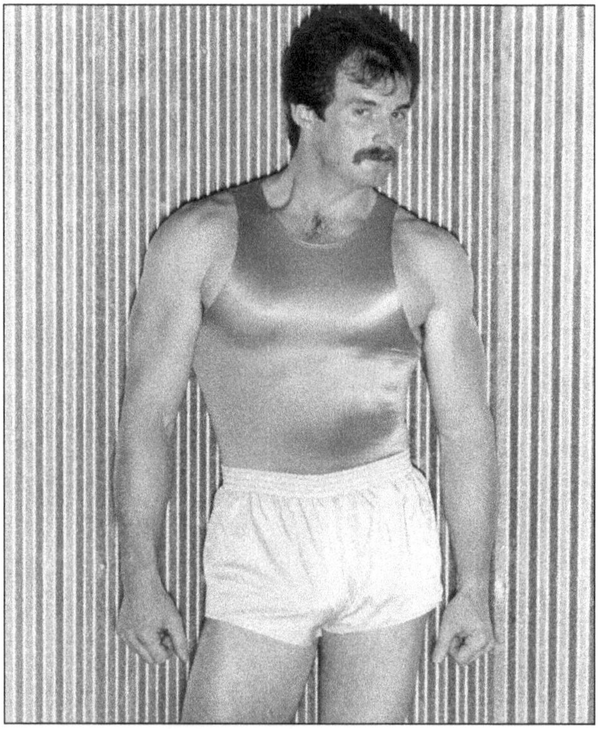

LONNIE LAPPIE. A well-known member of the St. Louis LGBT community in the 1980s and 1990s, Lonnie Lappie was an accomplished athlete, winning the gold medal for physique (middleweight division) at the 1986 Gay Games in San Francisco. He was also an acclaimed gardener, with his own variety of daylilies registered at the Missouri Botanical Garden. He died from AIDS in 1993. (Courtesy of Rachel DiDonato Tinsley.)

TIM CRADDOCK. A fixture in St. Louis gay clubs from the 1960s to 2000s, Craddock was a bartender at Bob Martin's, the Bijou, Brass Keys, the Silly Goose, and the 601 Club. He owned and operated Rainbow's End and later Grandma's Politician Lounge. He was known for his generosity and support of local civic and social organizations, often providing free meals in his establishments. (Courtesy of Scott Lokitz.)

Michael Kearns. This famous LGBT civil rights pioneer was born in St. Louis in 1950. He is an American actor, writer, author, director, teacher, producer, and activist. He is noted for being the first openly gay actor, and after an announcement on *Entertainment Tonight* in 1991, the first openly HIV-positive actor in Hollywood. In 1992, as an openly HIV-positive actor, Kearns starred in a segment of ABC's *Life Goes On*, in which he played a character who has HIV. He also played "Cleve Jones" in the HBO adaptation of Randy Shilts's *And the Band Played On*, appeared in *A Mother's Prayer* and *It's My Party*, and had a recurring role on *Beverly Hills, 90210*. Other television and film credits include *Cheers*, *Murder, She Wrote*, *The Waltons*, *L.A. Tool & Die*, *Knots Landing*, *General Hospital*, *Days of Our Lives*, and Brian De Palma's *Body Double*. (Courtesy of Scott Lokitz.)

Freeman Bosley Jr. As the 43rd mayor of St. Louis (from 1993 to 1997) and the city's first African American to be elected to the post, Bosley was the first St. Louis mayor to speak at a St. Louis annual pride event. He also appointed Laura Moore, a lesbian, to the City of St. Louis Civil Rights Commission. She was the first-known openly LGBT person to be appointed to a citywide office. (Courtesy of Scott Lokitz.)

Lee Maynard. Performing as Gypsy Lee, Maynard entertained audiences in St. Louis and across the Midwest during the early 1970s. He won the title of Miss Gay Illinois 1975. An expert seamstress, Maynard made many of his own costumes, including a Cher-inspired Indian headdress with detailed beading and feathers. (Courtesy of Lee Maynard.)

Roger Piatt. In 1989, Roger Piatt (Vicki Vincent) was the first Missourian to win the Miss Gay America pageant. Piatt also held the titles of Miss Gay Missouri 1983, Miss Gay Heart of America 1986, Miss Gay Mid-Atlantic America 1989, and Miss Missouri Continental Elite 2006. (Courtesy of St. Louis LGBT History Project.)

James Massie. Known as "That Sweet Thing," James Massie (Candy James) captured the Miss Gay Missouri crown in October 1974 at the Council Plaza Ballroom in St. Louis. Massie also holds the titles of Miss Gay St. Louis 1972, Miss Gay Illinois 1976, and Miss Gay Midwest America 1985. Massie is pictured at the far right in the dressing room of Monte's Bar. (Courtesy of Connie Duncan.)

JOHN CHANEY. Since the 1960s, St. Louis's legendary female impersonator Bonnie Blake has helped pave the way to mainstream drag performances in area bars in an era where masquerading laws were still on the books. Chaney was the proprietor of the Gallery Lounge and one of the first performers at the French Market in Soulard. (Courtesy of Connie Duncan.)

THOMAS HUNDLEY. Performing as Brenda Leigh, Thomas Hundley was crowned Miss Gay St. Louis in 1974. A local female impersonation historian and photographer, he also was Miss Gay Greater St. Louis at Large in 1992. He has performed at most St. Louis drag venues, ranging from Helen Schareder's to Bob Martin's. (Courtesy of Connie Duncan.)

Lana and Donna. Ron Davis (Lana Kuntz, at right) and Don Davis (Donna Drag, below) were the dynamic duo of the St. Louis drag scene in the 1970s. They were headline performers at the Red Bull in East St. Louis. These twin brothers were early owners of the Miss Gay Missouri Pageant in the 1970s. Both would later move to Texas and enter the Metropolitan Community Church (MCC) ministry. (At right, courtesy of Ed Laxton; below, the St. Louis LGBT History Project.)

Edward Godlessly. Known as Eydie Gregory, this well-loved entertainer was popular in the St. Louis female impersonator circuit during the early 1970s. He performed at venues such as the French Market, the Red Bull, and FACES. He was also known for his live vocals. (Courtesy of Connie Duncan.)

Stephen Adams. The popular Stephen Adams (Dusty Michaels) was Miss Gay Missouri 1977. He got his stage name in part from his admiration of Dusty Springfield. Adams was a frequent performer at Helen Schareder's and the Red Bull in East St. Louis. He is the first known local performer to incorporate *Rocky Horror Picture Show* music into a drag act. (Courtesy of Stephen Adams.)

Cea Hearth. As a key organizer for the first St. Louis pride events in April 1980, Cea Hearth is a longtime community organizer, human-rights activist, musician, and author. She helped form the Magnolia Committee in 1979, one of several groups that helped plan and organize the 1980 event that featured a rally, parade, speakers, and entertainment. (Courtesy of Jim Pfaff.)

Jim Thomas. The *Gay and Lesbian News-Telegraph* was founded in the fall of 1981 by Jim Thomas (center), a local LGBT community leader. Within a year, the periodical was distributing no less than 10,000 copies within the Greater St. Louis area and throughout Missouri, southern Illinois, and central Indiana. Remaining in publication until 2000, it would later become the *Vital Voice*. (Courtesy of Jim Pfaff.)

Betty Neeley. Present in the St. Louis LGBT scene since she was a teenager in the 1950s, Neeley has seen many changes during her lifetime. She has been an active participant in both the Outgames and Gay Games and an active member of the Team St. Louis organization. She was grand marshal of the St. Louis pride parade in 2013. (Courtesy of Betty Neeley.)

Margaret Johnson. A noted LGBT and feminist activist, Margaret "Flowing" Johnson has written for numerous local and regional publications. She was a driving force in the establishment of the St. Louis chapter of Queer Nation. The group staged several protests against the Cracker Barrel restaurant chain. (Courtesy of St. Louis LGBT History Project.)

Bert Coleman. Bert Coleman (left, with Harvey Fierstein) counts many "firsts" in his volunteer career. In 1985, he produced the first benefit for the New York City Gay Men's Health Crisis. In 1989, Bert helped organize the first of Madonna's hugely successful AIDS dance-a-thons in Los Angeles. In 1993, he served as cochair for St. Louis's first Human Rights Campaign dinner gala. (Courtesy of Scott Lokitz.)

Joe Cline. Known as Petrina Marie, Joe Cline was one of St. Louis's favorite female impersonators, with his gravelly voice and saucy act. He was the longtime show director at FACES in East St. Louis and was crowned Miss Gay Missouri in 1995. He is pictured in front of the Kitty Kat Club in the 1970s. (Courtesy of Linda Ledbetter.)

James Andris. A professor at Southern Illinois University Edwardsville, Andris has worked with many community organizations supporting the LGBT community, including the Gay Academic Union, MCC, the Gay Hotline, and PFLAG. He was heard, along with Byron Davidson, on the radio show *Gaytalk* on KADI in the late 1970s. (Courtesy of James Andris.)

Lisa Wagaman. LGBT activist Wagaman was a pioneer in the St. Louis transgender community. She was an early force behind the organization of the first St. Louis MCC, community center, and pride celebration events. There were very few area LGBT groups that Wagaman did not in some way support. She fought and won a battle with the State of Missouri to use DYKE as her custom car license plate. (Courtesy of John Hilgeman.)

WILBUR WEGENER. This early LGBT historian was a member of several LGBT rights organizations, including the Mattachine Society; Mandrake Society; and One, Incorporated in the 1950s and 1960s. He was also an amateur photographer who spent three decades capturing candid images of the LGBT community. Sadly, when he died in 2002 at age 80, Wegener's family destroyed many of his photographs and negatives. (Courtesy of Scott Lokitz.)

TOTTY DUNHAM. At a time when being out was not socially acceptable, Dunham was out anyway. She said she knew she was gay by the age of five. She was an incredible athlete, playing semipro women's baseball and tennis. Dunham fielded a women's softball team for two LGBT Olympics and many summer seasons in St. Louis. Her softball team won a gold medal at the 1994 New York Gay Games. (Courtesy of Betty Neeley.)

Buddy Walton. Known as the hairstylist to the stars, Buddy Walton was a favorite of St. Louis socialites and international jet-setters alike. Walton, who wrote the memoir *High Styles* in 2004 with Connie McIntyre, said that over the years he had styled US first ladies, Queen Silvia of Sweden, Countess Torniski of Poland, and a variety of celebrities. The client names he dropped are legendary: Joan Crawford, Sophie Tucker, Abigail Van Buren, Phyllis Diller, Margot Fonteyn, Carol Channing, Rosemary Clooney, Beatrice Lillie, Tallulah Bankhead, Kathy Crosby, Rosalind Russell, Martha Graham, Ethel Merman, and all the Gabors: Eva, Zsa Zsa, Jolie, and Magda. Walton was a licensed cosmetologist for over 55 years. He represented the National Hairdressers and Cosmetologist Association at 23 events in Europe and was a team advisor for the association in Japan. He also participated in the first US hairdressing demonstration in Russia. He owned salons in St. Louis and Florida. (Courtesy of Missouri History Museum, St. Louis.)

LINDA LEDBETTER AND WALLY THOMAS. Ledbetter and Thomas led two favorite St. Louis LGBT watering holes in the late 1970s and early 1980s. Thomas moved to St. Louis from Chicago and opened Clementine's in 1977, which was marketed as a Levi/leather bar. Ledbetter was the second proprietor of famed lesbian bar the Kitty Kat Club. The two are pictured at an event at Clementine's in 1980. (Courtesy of Linda Ledbetter.)

ARLENE ZAREMBKA. Attorney Arlene Zarembka has represented many members of the St. Louis LGBT community in a variety of legal cases. Zarembka, a pioneer in the legal field, was instrumental in the City of St. Louis overturning its law against "masquerading" that had been on the books since 1864. She also organized and led the 1993–1994 legal team that successfully fought a proposed Missouri constitutional amendment that would have prohibited any state or local agency from adopting laws prohibiting discrimination based on sexual orientation or gender identity. (Courtesy of John Hilgeman.)

John Hilgeman and Rudy Nickens. Longtime community leaders Hilgeman (left) and Nickens have led and supported many LGBT causes. Hilgeman was an early member of the St. Louis Dignity chapter and NAMES Project. Nickens was co-owner of the Sunshine Inn, a favorite vegetarian restaurant in St. Louis's Central West End, and has served in leadership positions with the St. Louis Black Repertory Company and the Missouri Department of Transportation. (Courtesy of John Hilgeman.)

Ernie Jordan. Jordan was the longtime proprietor of several lesbian bars in St. Louis dating back to the 1960s. Ernie's Class Act was located on South Broadway and was popular in the 1980s and 1990s. Her clubs served gays and lesbians, black or white. She is a pioneer in St. Louis LGBT and African American history. (Courtesy of Kimberly Wilkerson Avila and Debbie Masters Avila.)

Two

PLACES

THE CENTER. St. Louis has an impressive inventory of historical structures that document its LGBT past. A prime example is the city's first LGBT Center. From 1976 to 1978, the Metropolitan Life Services Corporation operated "the Center" at 4940 McPherson Avenue. It was the first known formal space for lesbian and gays to socialize in St. Louis. The Center featured a library and snack bar, hosted lectures, and offered counseling services. (Courtesy of Steven L. Brawley.)

Downtown, Mound City. St. Louis's earliest known LGBT history may be linked to Native American culture. St. Louis is often referred to as "Mound City" based on the more than 40 earthen structures that were once part of its landscape. The mounds were constructed by Native Americans about 1,000 years ago. Nicholas Biddle, a member of the Lewis and Clark Expedition, recorded that among Indians if a boy showed any symptoms of effeminacy or girlish inclinations, he was put among the girls, dressed in their way, brought up with them, and sometimes married to men. They were referred to as berdaches. It is unknown how St. Louis–area Native American berdaches lived or were treated, but they most certainly did exist. (Courtesy of Missouri History Museum, St. Louis.)

UNION STATION. Prior to the Gateway Arch, St. Louis Union Station was the city's most noted landmark. It is likely that many LGBT travelers arrived in St. Louis via this landmark train station. It is also a known gay cruise area, especially during World War II, when thousands of soldiers passed through town, headed to the far reaches of the globe. (Courtesy of Library of Congress.)

MCLEAN BUILDING. In 1885, the *St. Louis Post–Dispatch* reported on a "clique of perverts" who were meeting for male-on-male sex in the McClean Building. For several weeks, the paper covered the scandalous goings-on, which included the attempted suicide by one of the young men involved. (Courtesy of Missouri History Museum, St. Louis.)

SOUTHERN HOTEL. In the late 1800s, St. Louis's Southern Hotel offered travelers luxury, comfort, and some LGBT stories. In 1882, famed gay Irish writer, poet, and satirist Oscar Wilde held court there during his two-day visit to St. Louis. In 1885, a murder occurred at the hotel, with local press covering every detail of the "peculiar relationship" between the victim and murderer. (Courtesy of State Historical Society of Missouri, St. Louis.)

ENTRE NOUS, DANTE'S INFERNO, UNCLE JOHN'S, AND MADAME TOUHY'S. St. Louis's earliest LGBT nightlife can be symbolized through this vintage postcard. The city's first known LGBT bars from the 1940s can be found in city directories, but no photographic evidence has yet been uncovered. These include Dante's Inferno at 3516 Olive Street, Entre Nous at 617 Pine Street, Uncle John's at Seventh and Pine Streets, and Madame Touhy's, near present-day Busch Stadium. (Courtesy of Steven L. Brawley.)

Little Bohemia. In the 1930s, there was a "bohemian haunt" located along the banks of the Mississippi River in St. Louis. Known as Little Bohemia, this tiny club was always filled with writers, poets, musicians, students, and artistic types. Most certainly, many LGBT folks found kinship there during the Great Depression. (Courtesy of State Historical Society of Missouri, St. Louis.)

Christ Church Cathedral. This historic place of worship is home to the oldest Episcopal congregation west of the Mississippi River (founded in 1819) and the seat of the Episcopal Diocese of Missouri. The church has a long history of support and service to the LGBT community, with many gay and lesbian members in its congregation and volunteer staff. Over the past 30 years, the church has hosted several LGBT religious and social groups, including Iris, Oasis, and Integrity. (Courtesy of Steven L. Brawley.)

THE ADMIRAL. According to the book *U.S.A. Confidential* by Jack Lait and Lee Mortimer, published in 1952, St. Louis had a "high homosexual" problem. The book stated that "faggots hang out at Grand and Olive and at Vandeventer and Washington. They meet each other in front of Gus the Frutier—appropriately enough—and pause for refreshments at Dixie Hamburger. They have their drags in the basement of an old college fraternity house near Vandeventer and West Pine, where they kneel before the queen. We were solicited by boys around Henry's, also Erv's on Pine, and saw swishing at Uncle John's and the Entre Nous. On summer nights, the excursion boat *Admiral* is popular for meeting boys, girls, and in-betweens." (Courtesy of State Historical Society of Missouri, St. Louis.)

Masonic Prince Hall Grand Lodge. The Masonic Prince Hall Grand Lodge at 4525 Olive Street was the location of the infamous Miss Fannie's Drag Ball, held annually on Halloween from the 1960s into the 1970s. Winners of the ball include local drag legends Bette Davis and Lady Sherelle. (Courtesy of State Historical Society of Missouri, St. Louis.)

The Central West End. The Central West End (CWE) is considered St. Louis's original "gayborhood." From the 1960s into the 1980s, the area featured many LGBT businesses and bars. Many gays and lesbians assisted with the neighborhood's rebuilding efforts, returning many stately old homes to their original splendor. (Courtesy of *West End Word*.)

Washington University Medical Center. Much advancement in HIV/AIDS care and research has taken place in the hospitals, clinics, labs, and physician offices associated with Washington University in St. Louis. The medical center was also a pioneer in gender-transition surgeries in the 1970s. (Courtesy of Steven L. Brawley.)

Tennessee Williams's Apartment. As a child, gay playwright Tennessee Williams lived with his family in an apartment at 4633 Westminster Place. The building most likely inspired the setting of his breakout work, *The Glass Menagerie*. (Courtesy of Steven L. Brawley.)

William S. Burroughs's Home. Beat Generation novelist William S. Burroughs lived in this home at 4664 Pershing Place as a boy. Burroughs's youthful exploration of St. Louis's seedy skid-row district near Union Station helped spur his lifelong captivation with the darker aspects of American life. (Courtesy of Steven L. Brawley).

Trinity Episcopal Church. A racially integrated and self-consciously urban congregation since the mid-1950s, Trinity Episcopal Church at 600 North Euclid Avenue was one of the first churches in St. Louis to welcome openly gay members and support them in their struggle for civic equality. According to Ian Darnell, a researcher with the St. Louis LGBT History Project, the Mandrake Society and the Gay Liberation Front were the city's earliest lesbian and gay political organizations. Both met in Trinity's parish hall in the early 1970s. (Courtesy of Steven L. Brawley.)

Forest Park. Ed Laxton (left) and an unidentified man hang out in Forest Park in 1960. As the seventh-largest urban park in the United States, Forest Park is a natural oasis in an urban environment. Located on 1,293 acres in the center of the St. Louis metropolitan area, Forest Park is 450 acres larger than New York City's Central Park. For decades, the park has been a popular gay cruise area for men. Since the 1950s, both gay and bisexual men have been arrested and charged with misdemeanor loitering and sex crimes related to their park activities. Reportedly, several gay men were murdered in the park by someone they met there. Well-known gay hangouts in Forest Park included the World's Fair Pavilion, Kennedy Forest, the Municipal Opera upper parking lot, and the Confederate Memorial (near the cannon). St. Louis held its annual pride events in the park from 1980 to 1988. (Courtesy of Steven L. Brawley.)

Chase Park Plaza. St. Louis's Chase Park Plaza has been an internationally known upscale hotel and entertainment destination since the 1930s. The venue has hosted countless LGBT-related special events. The complex was known for gay cruising in its bars and public bathrooms and was home for many years to the salon of St. Louis "hairdresser to the stars" Buddy Walton. The Chase Park Plaza was a frequent stop on Liberace's concert tours in the 1960s and 1970s. Below, he is pictured at the Chase Park Plaza in 1961. While formally closeted, Liberace was known to frequent gay bars during his travels. According to Jim Hawkins, owner of the Red Bull bar in East St. Louis, Liberace visited his bar in 1970 wearing a Hawaiian shirt and thoroughly enjoyed that night's drag show. (At right, courtesy *West End Word*; below, Steven L. Brawley.)

Left Bank Books. Located at 399 North Euclid Avenue since 1969, this independent, LGBT-owned bookshop has sold LGBT and feminist literature and served as a community gathering place. Co-owner Kris Kleindienst is a noted social activist and author of several articles and the book *This Is What Lesbian Looks Like*, published by Firebrand Press in 2000. The book won a Lambda Literary Award. (Courtesy of St. Louis LGBT History Project.)

Washington Bathhouse. In the 1970s, the St. Louis location of the Club Baths franchise was in the basement of the Washington Hotel near Kingshighway and Delmar Boulevards. Over the years, St. Louis has been home to several gay-friendly bathhouses, including Kerpens' and Belcher. (Courtesy of *West End Word*.)

Heffalumps. This store was popular among both the LGBT and straight community in the 1980s. Located at 387 North Euclid Avenue, the souvenir and novelty store offered LGBT-themed greeting cards, buttons, T-shirts, and adult merchandise. (Courtesy of Scott Lokitz.)

Sunshine Inn. This popular restaurant on Euclid Avenue in the Central West End was a vegetarian café that opened in 1972. Until its 1998 closure, the place served as a community hub. The National Coalition of Black Lesbians and Gays hosted a national meeting here in 1987. It was co-owned by Rudy Nickens. (Courtesy of Scott Lokitz.)

BALABAN'S. This restaurant and bar was very LGBT friendly, with many gay and lesbian employees and patrons. Herb Balaban opened the establishment in 1972 on Euclid Avenue in the Central West End. Balaban's, with its brick walls, French drinking and theatrical posters, casually dressed waiters, and nascent wine list, was very successful. Menu favorites included chilled cucumber bisque, smoked trout, snails bourguignonne, roast duckling, and beef Wellington. (Above, courtesy of *West End Word*; below, Bryan Young.)

Herbies'. This club was St. Louis's big gay disco in the 1970s, and it was located in the St. Louis gay mecca: the Central West End. Owned by Herb and Adelaide Balaban, the two-story bar and restaurant was featured in an *Esquire* magazine article about America's disco craze. The bar and surrounding Maryland Plaza were central to Halloween celebrations in the 1970s and 1980s. (Courtesy of *West End Word*.)

City Cousin. This very popular lesbian-owned restaurant went through several locations and names over the years. Its first location was in an old house on Lindell Boulevard in St. Louis's Central West End. Sadly, an employee was murdered there in the 1980s during a robbery. (Courtesy of *West End Word*.)

City Lights. This unassuming building housed City Lights, a small, intimate gay bar in St. Louis's historic Lafayette Square in the 1990s. It was known as a friendly neighborhood watering hole that attracted people from the neighborhood and beyond the "square." (Courtesy of Scott Lokitz.)

Doorways. Housing and supportive care for members of the St. Louis community suffering from AIDS were scarce in the late 1980s. To help deal with the crisis, a coalition of area faith-based organizations and social-service agencies came together to create Doorways in the Central West End, which provided a place for people with HIV/AIDS to receive care and services. (Courtesy of Steven L. Brawley.)

Tower Grove Park. Tower Grove Park is a municipal park in St. Louis. Most of its land was donated to the city by Henry Shaw in 1868. It sits on 289 acres adjacent to the Missouri Botanical Garden, another of Shaw's legacies. It features 11 pavilions of picturesque design, most dating from the Victorian era. Around the bandstand, mounted on columns, there are white marble busts of famous musical composers: Mozart and Rossini by Howard Kretschmar from 1882, Beethoven and Wagner by Ferdinand von Miller from 1884, and Gounod and Verdi by Carlo Nicoli from 1886. The park has been designated a National Historic Landmark. The park hosted the St. Louis annual pride picnic from the late 1990s through 2012. It was also a well-known gay cruise area, with many gay and bisexual men arrested and charged with crimes related to sexual misconduct. (Courtesy of Scott Lokitz.)

LAFAYETTE SQUARE NEIGHBORHOOD AND PARK. This beautiful neighborhood and city park is noted for its picturesque Victorian architecture. Many of its painted ladies were lovingly restored by gays and lesbians in the 1960s and 1970s. The 29.95-acre park was created by a city ordinance in 1838. The park was named in honor of the Marquis de Lafayette (1757–1834), a French statesman who served as a volunteer under Gen. George Washington in the Continental army during the American Revolution. The area has been home to many LGBT businesses and bars, including Mick's and City Lights. The statue of Sen. Thomas Hart Benton located in the park was sculpted by lesbian artist Harriet Hosmer. Many members of the LGBT community have been active in the not-for-profit Lafayette Square Restoration Committee, which seeks to facilitate the preservation and redevelopment of Lafayette Square while respecting its special historic character and enhancing its overall livability. (Courtesy of State Historical Society of Missouri, St. Louis.)

Soulard. Considered St. Louis's French quarter, Soulard has been home to many LGBT bars, including the French Market, Clementine's, the Front Page, and Bastille. Since the early 1970s, many gays and lesbians have been integral to the neighborhood's building-restoration efforts, with many LGBT homeowners showcasing their houses at the annual Soulard Holiday House Tour. The LGBT community has been highly active in various neighborhood groups, including the Soulard Restoration Group and the Soulard Business Association. The neighborhood is home to the oldest farmers' market west of the Mississippi. More than 100 vendors include farmers, produce vendors, meat shops, spice shops, florist shops, and food stands. The LGBT community was an early force in the creation of St. Louis's annual Mardi Gras celebration, which is held in this historic district each winter. (Courtesy of Library of Congress.)

French Market. In 1972, the first gay bar in St. Louis's Soulard French quarter—the French Market—opened with "unofficial" support from Mayor Cervantes. Using his experience in operating the Red Bull in East St. Louis, Jim Hawkins understood the St. Louis market and had the foresight to be a part of the neighborhood's restoration. The French Market featured a restaurant and drag entertainment that followed the rules to avoid masquerading laws. The mayor's wife celebrated one of her birthdays here, and staff from the Masters & Johnson Therapy Clinic came in to ask questions about the "homosexual lifestyle." (Both courtesy of Jim Hawkins.)

Clementine's. When it closed in 2014, Clementine's was St. Louis's oldest gay bar. The bar was a mainstay for gay men and known for its annual Mardi Gras events, including the famous high-heel drag race. Entombed in the walls of the bar for many years were the ashes of legendary St. Louis drag queen Midnight Annie. Located in St. Louis's Soulard neighborhood, the bar symbolized the LGBT community's influence on the area's rehabilitation of the surrounding neighborhood in the 1970s. (At right, courtesy of Steve L. Brawley; below, Linda Ledbetter.)

Betty's CB Bar. These are the earliest known images of a lesbian or gay bar in St. Louis. Photographs from this time are scarce because people lived deep in the closet for fear of being outed. Betty Woods opened Betty's CB Bar in 1951 after taking over an establishment named Fred's, located at 2800 Shenandoah Avenue. This "women's only" bar was a lesbian mainstay through the early 1970s and attracted other lesbian bars, such as Pat's and Georgia's, to the often rough-and-tumble south St. Louis city neighborhood. During this era, most gay and lesbian bars were separate, and it was unusual for LGBT men and women to socialize with each other. (Both courtesy of Carol "Twink" Robinson.)

The Sugar Shack. The Sugar Shack, located at 7755 Telegraph Road, was one of St. Louis's few county bars. Although a lesbian bar, it was popular to men and women alike and hosted a variety of entertainment and drag shows. It was operated by Pat Long. (Courtesy of Karin Allen.)

FACES. In the 1980s and 1990s, FACES was internationally known as one of the world's premier after-hours LGBT bars. It was housed in a former department store (and funeral home) that spanned three floors and included a dance floor, drag show cabaret, and a men's-only basement that featured a "dark" room. A bar employee was murdered during a fight in the 1980s. Employees and patrons alike say the East St. Louis building is haunted. (Courtesy of Steven L. Brawley.)

THE TOWNE (RIVOLI) THEATRE. Located at 210 North Sixth Street in downtown St. Louis, this theater opened in 1915. The Rivoli's name changed to the Towne Theatre around 1970. As the Towne Theatre, it started showing recent releases and later X-rated films, becoming a popular gay male cruising spot. (Courtesy of State Historical Society of Missouri, St. Louis.)

MONTE'S. Located near Jefferson and Highway 44, Monte's gay bar was a fun mix of leather and drag. Its dark interior was typical of bars from the late 1970s. It was owned by Monte Holmes. (Courtesy of Scott Lokitz.)

MAGNOLIAS. Fondly known as Mag's, this midtown bar was a St. Louis LGBT mainstay from 1985 to 2014. Located in the historic Gerhardt Building at the intersection of Vandeventer and Laclede Avenues, the bar offered a variety of entertainment options. Operated by John Knowles, the club featured a small front bar and large dance area downstairs, while upstairs had a drag cabaret and leather bar. For several years, the Niner Diner provided dining options for Mag's patrons. Several area sports teams were sponsored by the bar. (Courtesy of *West End Word*.)

MONTILEONE'S CAFÉ ESPRESSO. In the 1950s, Sam Clark opened Montileone's Café Espresso in the famed St. Louis Gaslight Square District. He named the café after the popular Gaslight Square artist Ralph Montileone, who was reportedly one of his lovers. It was one of the first coffee shops in St. Louis to have an espresso machine. "It was $800, and we thought we would die," Clark said during a radio interview. "We nearly hocked our souls in order to pay for the darn thing." (Courtesy of State Historical Society of Missouri, St. Louis.)

Peyton Place. St. Louis's bohemian Gaslight Square began to die out in the late 1960s. It was then that gay bar Peyton Place opened on Olive Street. So renowned were Peyton Place drag shows that lookouts were stationed outside to warn everyone in case police were spotted. It was still illegal at that time to "masquerade" as a woman. It was home to the famous "Peytonettes." (Courtesy of State Historical Society of Missouri, St. Louis.)

Zebra Lounge. The Zebra Lounge was one of the few mixed bars in St. Louis in the 1970s and 1980s. Located at 3230 Olive Street, it served as an important LGBT entertainment and social venue in a racially segregated city. (Courtesy of Steven L. Brawley.)

GOLDEN GATE. The Golden Gate was a busy 1960s LGBT hangout in St. Louis's once busy LGBT entertainment strip on Olive Street near Grand Boulevard. The original Golden Gate bar was closed after several violations for serving minors. It transitioned into a "coffee shop" that was open after-hours and allowed minors. A one point, its interior (at right) featured elaborate murals painted by "Charlie," a Gaslight Square artist. Other adjacent LGBT bars included the Onyx Room and Shelley's Midway. (Above, courtesy of Missouri History Museum, St. Louis; at right, Ed Laxton.)

Kitty Kat Club. Legendary lesbian bar Kitty Kat Club was known throughout the region in the 1970s and 1980s. It was located at 2800 California Avenue near the lesbian strip that featured Pat's, Georgia's, and Betty's CB bars. The bar was a community-gathering spot and often featured live entertainment. It sponsored several sports leagues. (Courtesy of Linda Ledbetter.)

The Red Bull 2. In 1972, East St. Louis's illustrious Red Bull moved three buildings down to 512 Missouri Avenue. Entering the building, the lengthy bar lined the left side of the room. Next to the bar was a game room, which opened up into a very large room that was the disco. To the left, as people entered, the disco was a narrow stairway to the basement, where the drag shows took place. The new space held twice as many people as the old Red Bull. (Courtesy of Steven L. Brawley.)

Three

MILESTONES

MILESTONES. The St. Louis LGBT community has had its fair share of pivotal moments and benchmark events. The Gateway City banned cross-dressing in 1864, experienced a visit by gay icon Oscar Wilde in 1882, had its own version of Stonewall in 1969, held its first known gay-rights rally in 1977, and hosted its first pride event in 1980. (Courtesy of Jim Pfaff.)

OSCAR WILDE VISIT. Oscar Wilde's visit to St. Louis in October 1882 made front-page news. During his visit, he stayed at the Southern Hotel and lectured at the Mercantile Library. His celebrity was widely covered and the fascination with the gay author was reported in all the major newspapers of the day, including the illustration below from the *St. Louis Hornet*, which shows Wilde on stage next to a figure labeled "Berry Mitche." (At left, courtesy of Library of Congress; below, the Missouri History Museum, St. Louis.)

Victorian Murder. In April 1888, Charles Arthur Preller was found murdered and stuffed into a trunk in his room at the Southern Hotel in St. Louis. An immediate manhunt was launched for his companion, Hugh Mottram Brooks (at right), alias Walter H. Lennox. The Southern Hotel staff understood the two to be involved. It was determined that Preller had been killed with chloroform. Brooks was eventually captured and found guilty of murder. He appealed to the Missouri Supreme Court for a new trial, but the governor declined to intervene, and Brooks was hanged on August 10, 1888, on the grounds of the Four Courts Building (below) in St. Louis. (Both courtesy of Missouri History Museum, St. Louis.)

A 1901 Autobiography. The first known autobiography written in America by a self-described homosexual man appeared in 1901. The author, who was 30 years old, adopted the pseudonym Claude Hartland. A publisher of medical textbooks in St. Louis printed Hartland's story: a slender, clothbound, green volume entitled *The Story of a Life*. The narrative's 100 pages detail Hartland's physical symptoms and personal idiosyncrasies as a kind of case history for the benefit of the local medical fraternity to whom he dedicates the book. In his text, he writes, "I met a young man one evening on the corner of Sixth and Olive Streets [pictured here], who was affected as I am and we knew each other at sight. I spent that night at his house and we had a most delightful time. He was gentle, refined and very interesting, and we soon became fast friends." (Courtesy of Library of Congress.)

Sodomy Laws. When Missouri Territory was organized in 1812, it received all laws of Louisiana. The Louisiana sodomy law used the common-law definition and established a penalty of life imprisonment. In 1816, the Missouri Territory enacted a law that adopted the English common law, which specified death for sodomy. Missouri's sodomy statutes went into effect in 1856, banning sexual intercourse between persons of the same sex. Pictured is St. Louis's Old Courthouse in the early 1800s. (Courtesy of Missouri History Museum, St. Louis.)

The World's Fair. In 1904, St. Louis hosted the world's fair. Thousands of guests and entertainers passed through its gates. While there would have been many LGBT fairgoers and performers, their names are forever lost to time. It is known that one of the most popular attractions on the fairgrounds featured famed French female impersonator Martini, who performed in the Paris exhibition. (Courtesy of Missouri History Museum, St. Louis.)

Sex Parties. Wild, perverted, homosexual parties on St. Louis's levee were the featured topic of Dr. Charles H. Hughes's article in the November 1907 edition of the St. Louis–based medical journal *Alienist and Neurologist*. The story stated, "Male Negroes were masquerading in woman's garb and carousing and dancing with white men. Some of them drove to the levee dive [pictured] and dance hall at which they were arrested in their masters' auto cars. All were gowned as women at the miscegenation dance and the Negroes called each other feminine names. The detectives said that the levee resort at which these black perverts were arrested, is a rendezvous for scores of west end butlers, cooks and chauffeurs. Apartments in the house are handsomely furnished and white men are met there." (Courtesy of Library of Congress.)

Forest Park Cruise Study. According to Ian Darnell, a researcher with the St. Louis LGBT History Project, Episcopal priest and Washington University PhD student Laud Humphreys conducted fieldwork here (above) that led to his groundbreaking and controversial sociological study *Tearoom Trade: Impersonal Sex in Public Places* (1970). Humphreys discovered that a majority of the men whom he observed engaging in anonymous male-on-male sex in park restrooms were married and living with their wives. (Above, courtesy of Missouri History Museum, St. Louis; below, the St. Louis LGBT History Project.)

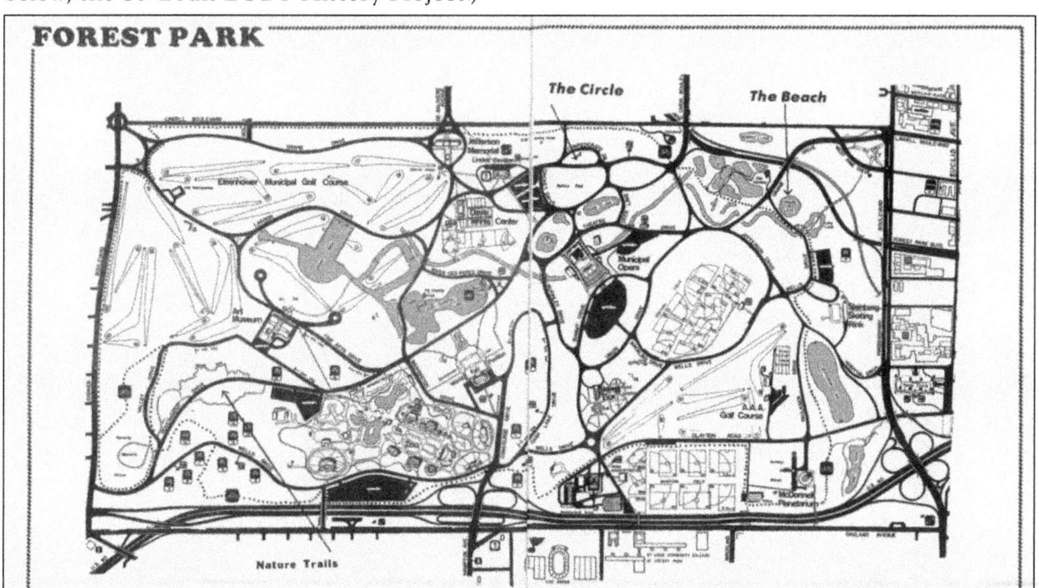

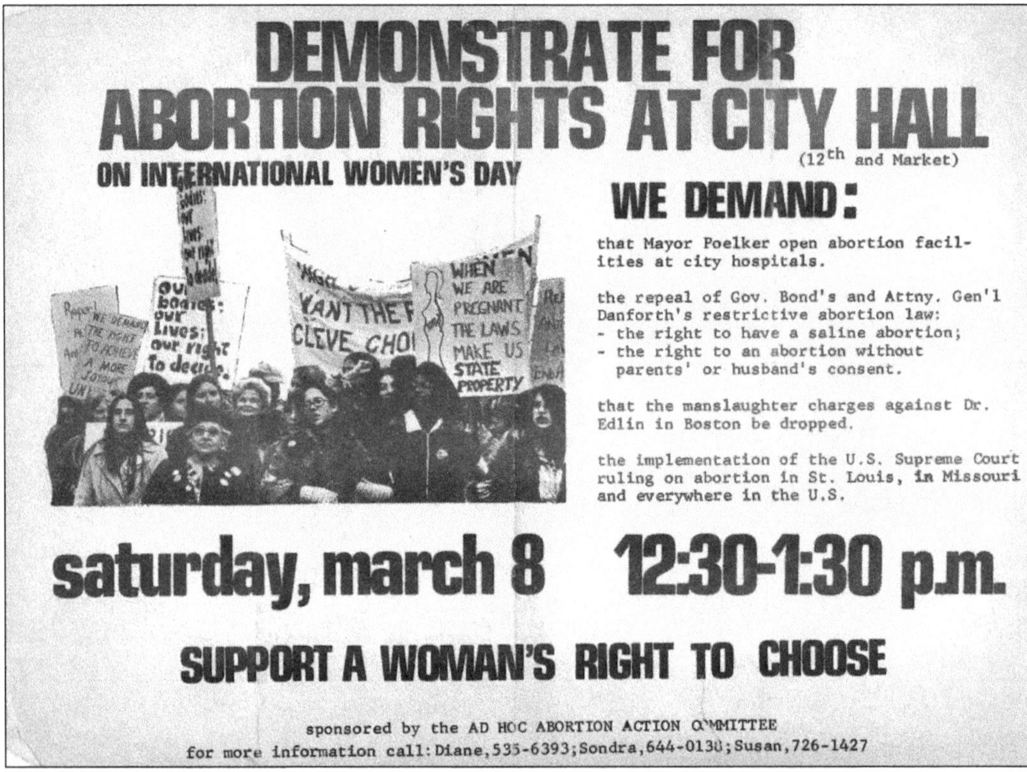

Abortion-Rights Protest. In March 1975, St. Louis–area lesbians participated in a rally at city hall to protest the manslaughter conviction of Dr. Kenneth C. Edelin, a Boston physician who performed legal abortions. The case was overturned on appeal in a landmark test of medical, legal, religious, and political questions surrounding abortion in America. (Courtesy of Barb Goedde.)

Anita Bryant. In 1977, lesbian and gay St. Louisans and Missourians mobilized against Anita Bryant's ultimately successful campaign to repeal a gay-rights ordinance in Dade County, Florida, and held several protests against her antigay messages when she visited Joplin and Columbia that year. A 1977 rally was held at the St. Louis Metropolitan Community Church to protest the repeal. It was one of St. Louis's earliest known LGBT protest events. (Courtesy of St. Louis LGBT History Project.)

St. Louis Stonewall. On November 1, 1969, nine men were arrested for being in drag (police report at right) after celebrating Halloween at the Onyx Room bar near Olive Street and Grand Boulevard in midtown St. Louis. At that time, St. Louis had laws against masquerading. A new group called the Mandrake Society—the first known homophile-rights organization in St. Louis—stepped forward to help the men by staging a protest at police headquarters, helping bail them out, and securing a lawyer. Thanks to the Mandrake Society's efforts, the charges would be dropped. The society hosted an annual drag ball on subsequent Halloweens (below) to draw attention to its advocacy work. (Both courtesy of St. Louis LGBT History Project.)

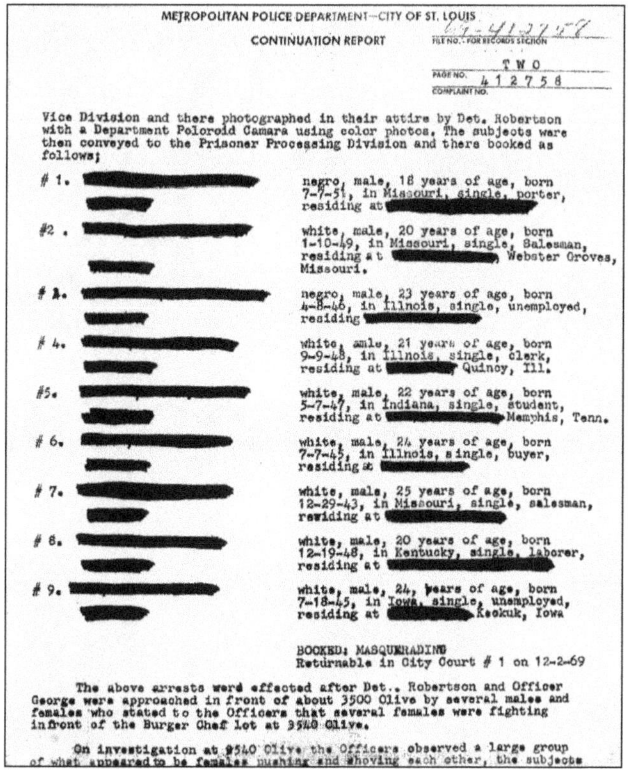

METROPOLITAN POLICE DEPARTMENT—CITY OF ST. LOUIS

CONTINUATION REPORT

FILE NO. - FOR RECORDS SECTION

PAGE NO. TWO

COMPLAINT NO. 412758

Vice Division and there photographed in their attire by Det. Robertson with a Department Poloroid Camara using color photos. The subjects were then conveyed to the Prisoner Processing Division and there booked as follows;

1. negro, male, 18 years of age, born 7-7-51, in Missouri, single, porter, residing at

#2 . white, male, 20 years of age, born 1-10-49, in Missouri, single, Salesman, residing at , Webster Groves, Missouri.

3. negro, male, 23 years of age, born 4-8-46, in Illnois, single, unemployed, residing

4. white, amle, 21 years of age, born 9-9-48, in Illnois, single, clerk, residing at , Quincy, Ill.

#5. white, male, 22 years of age, born 5-7-47, in Indiana, single, student, residing at Memphis, Tenn.

6. white, male, 24 years of age, born 7-7-45, in Illnois, single, buyer, residing at

7. white, male, 25 years of age, born 12-29-43, in Missouri, single, salesman, rewiding at

8. white, male, 20 years of age, born 12-19-48, in Kentucky, single, laborer, residing at

9. white, male, 24, years of age, born 7-18-45, in Iowa, single, unemployed, residing at Keokuk, Iowa

BOOKED: MASQUERADING
Returnable in City Court # 1 on 12-2-69

The above arrests werd effected after Det.. Robertson and Officer George were approached in front of about 3500 Olive by several males and females who stated to the Officers that several females were fighting infront of the Burger Chef lot at 3540 Olive.

On investigation at 3540 Olive the Officers observed a large group of what appeared to be females pushing and shoving each other, the subjects

LGBT Media. St. Louis has a vibrant history of LGBT print and digital media recording the community's milestones. According to Colin Murphy, a researcher with the St. Louis LGBT History Project, more than 30 print publications have reported on St. Louis LGBT news, including *Mandrake Newsletter* (1970); *Moonstorm* (1973); *Primetime* (1975); *Gay St. Louis* (1976, pictured); *Spokes & Sprockets*; *St. Louis Show Boat* (1976); *Gay Life* (1978); *No Bad News* (1980); *Lesbian and Gay News Telegraph* (1981); *Viewpoint* (1986); *Plus* (1987); *Show Me Guide* (1988); *Les Talk* (1990); *Night Gazer* (1990); *St. Louis Advisor* (1991); *TWISL* (1992); *Pride Pages* (1995); *SLAM* (1995); *Lookout* (1997); *EXP* (1997); *GALLIP* (1997); *Outlook* (1997); *Gaystlouis.com* (1997); *Vital VOICE* (2000, renamed after purchase of *LGNT*); *Twist* (2002); *St. Louis Unlimited* (2008); *Outragemagazine.com* (2011); *and #Boom* (2014). The archives of many of these publications offer researchers and historians amazing details of St. Louis LGBT life from the 1970s disco era into the emerging AIDS crisis in the 1980s. (Courtesy of St. Louis LGBT History Project.)

MARCH ON WASHINGTON. St. Louis was represented at the first gay march on Washington, DC, in 1979 by a local contingent of LGBT leaders. This event inspired a formal effort to plan a St. Louis gay pride event. Several area organizations and committees worked towards this goal, and the end result was the first official St. Louis gay pride event occurring in April 1980. (Courtesy of Jim Pfaff.)

HARDWICK DECISION. When the Supreme Court supported the conviction of Hardwick for sodomy (*Bowers v. Hardwick*), a protest was organized the very next day in 1989 by Margaret Johnson and Jim Thomas at the St. Louis Old Courthouse. More than 100 people showed up to protest the decision. It was the one of the first actions in the country to protest the decision. (Photograph by Marti Frumhoff, courtesy of Lisa Frumhoff.)

First St. Louis Pride Event. As the St. Louis LGBT community entered a new decade in the 1980s, history was made with the first "official" LGBT pride event in April 1980. The idea for such an event was sparked by St. Louis's participation in the October 1979 gay march on Washington, DC. Those who participated came back energized to host an event in St. Louis. Several local groups were formed, including the Magnolia Committee. After months of planning and organizing, a week of activities were held. At the end of the week, hundreds gathered for the Lesbians and Gays Walk for Charity, which went down Lindell Boulevard in the Central West End to Washington University's quadrangle. To get the parade permit approved by city hall, the organizers had to brand the march as a charity event that raised funds for area social service agencies. (Above, courtesy of Missouri History Museum, St. Louis; at left, Jim Pfaff.)

Domestic Partnership Registry. At the 1998 St. Louis pride event, Mayor Clarence Harmon (pictured) ceremonially signed the city's groundbreaking domestic partnership registry law, approved by the St. Louis Board of Aldermen. The domestic partnership registry was a record of registered domestic partners (homosexual or heterosexual) in the city of St. Louis, established and protected under city ordinance. Registration guaranteed partners the right of visitation at hospitals located within the city of St. Louis as well as jails owned and operated by the city. (Courtesy of Scott Lokitz.)

AIDS Walk. St. Louis AIDS Walk fundraiser From All Walks of Life was started in 1989 and operated by the AIDS Foundation of St. Louis. Over the course of a decade, the annual event raised millions of dollars for St. Louis–area AIDS organizations and charities. The funding provided treatment, counseling, and support services for people with HIV/AIDS throughout the St. Louis region. The event was held in several locations over the years, including Forest Park and Kiener Plaza. It was one of St. Louis's first LGBT-related events to attract mainstream business and media sponsorships. It also provided a forum for LGBT, LGBT allies, and straight audiences to work together and form common bonds during the early days of the AIDS crisis. (Courtesy of Scott Lokitz.)

ACT UP. AIDS Coalition to Unleash Power (ACT UP) was founded in New York City in 1987 as a political action group in response to the AIDS crisis. The group's first action, in the spring of 1987, was a march on Wall Street to protest the high cost and lack of availability of HIV-treatment drugs. Over its 25-year history, New York City ACT UP has spawned affiliate groups nationwide and even worldwide, and there have been over 140 chapters of ACT UP and thousands of members worldwide. The St. Louis ACT UP chapter was formed in the early 1990s and has staged several area protests. In 1992, ACT UP demonstrators blocked the door to a company offering HIV-negative photograph ID cards. Activists infiltrated the voicemail system and changed the outgoing message to say, "If you trust the card over a condom, chances are you may die of AIDS." (Courtesy of St. Louis LGBT History Project.)

QUEER NATION. This LGBT activist organization was founded in March 1990 in New York City by HIV/AIDS activists associated with ACT UP. St. Louisans formed a local ACT UP chapter early on and organized a "Stop the Church" protest on April 19, 1992, which called for "a nonviolent, legal action that would draw public attention to the Catholic church's policies of oppression" in the areas of homosexuality, AIDS, and reproductive rights. The local group's longest action, however, was against the Cracker Barrel restaurant chain because of its policy of not hiring homosexuals. The St. Louis Queer Nation chapter also serenaded the home of Mayor Freeman Bosley Jr. at Christmastime in 1993. Their medley went, "We're your queer constituents from the Queer Nation. We pay taxes and cast votes for your information. Here's a thought you'd better heed for this Yuletide season. If next term you're unemployed, we might be the reason." (Courtesy of St. Louis LGBT History Project.)

LGBT History Month Founded. LGBT History Month originated in the United States and was created in 1994 in a St. Louis area classroom (below). The month was founded by St. Louis high school history teacher Rodney Wilson (above). Wilson originated the idea, served as founder on the first coordinating committee, and chose October as the month of celebration. According to Wilson, he chose October for the celebration because National Coming Out Day already was established as a widely known event on October 11, and October commemorated the first march on Washington for LGBT equal rights and liberation in 1979. (Both courtesy of Scott Lokitz.)

OUT TV. *OutLook St. Louis* was a monthly 30-minute cable television show about the St. Louis LGBT community, filmed at Webster University. Carol Robinson and Rodney Wilson were cohosts, and Ellen Dubinsky was the producer. Other on-air talent included Brad L. Graham, Leah Edelman, Thomas Long, Bert Coleman, and Ken Haller. Ten episodes were produced between the fall of 1994 and the fall of 1996. In addition to this groundbreaking television show, St. Louis has had several LGBT-focused radio programs over the years, including *Gay Talk* on KADI (1979), *Coming Out of Hiding* on KDHX (1989), and *Lambada Reports* on KRJY (1989). (Courtesy of St. Louis LGBT History Project.)

Four

GROUPS

GROUPS. Over the years, the St. Louis LGBT community has been grounded by a strong network of formal and informal community organizations and events. From choruses and bands to advocacy and social service agencies, these organizations have provided entertainment and vital support services to the LGBT community. (Courtesy of John Hilgeman.)

GATEWAY MC. In 1973, the first St. Louis gay motorcycle and leather club, Gateway MC, was formed. Gateway MC, all of whose founding members were cyclists, required its members to have motorcycles, and most of the activities were cycle-related. Eventually, like other such clubs around the country, Gateway developed into a men's social organization in which motorcycles were not the only focus. Activities broadened to encompass the Levi and leather community and fulfill the need for its own identity, events, and brotherhood. (Above, courtesy of Ed Laxton; at left, Linda Ledbetter.)

Blue Max. The St. Louis Blue Max motorcycle and leather club was founded in 1975 by a group led by Jerry Wickham and later reorganized by Bob Garrett. The original home bar was the Red Bull in East St. Louis. In 1978, the home bar was the Mine Shaft (downstairs at FACES in East St. Louis), followed by Clementine's in 1980, the Outpost (later Eagle) in 1993, and JJ's Clubhouse in 2000. The group has actively partnered with both local and national clubs since its founding and is known for its fundraising for area charities. (Both courtesy of St. Louis LGBT History Project.)

SEX, INC. Founded in 1972 as a comedy drag troupe, Sex, Inc. raised money for area organizations. The group was wildly popular, producing its own annual calendar. In 1979, the members of Sex, Inc. bought the Miss Gay Missouri America pageant, which grew in attendance and participation during Sex, Inc.'s eight-year stewardship. (Courtesy of St. Louis LGBT History Project.)

DIGNITY. Members of Dignity St. Louis were highly active in the first St. Louis gay pride events. It has been a powerful religious force for LGBT activism in the city. Its chapter was formed in 1974 and hosted a regional Dignity conference in 1976. (Courtesy of Jim Pfaff.)

That Uppity Theatre Company. Joan Lipkin founded That Uppity Theatre Company in 1992, bringing LGBT issues to the stage. Her plays have focused on people she feels have been overlooked by the theater establishment. Her early work focused on women, gays, and lesbians. Her 1989 revue *Some of My Best Friends Are . . .* is one of the earliest known original pieces of LGBT theatre performed in St. Louis. (Courtesy of Joan Lipkin.)

Powder Puff Review. In 1972, Theo Thomas created the Powder Puff Revue. This African American female impersonation group would become a crowd favorite, performing at area clubs and private events through the late 1970s. Members' performance names included Michell Doss, Shirelle, Vera Vogue, Jackie Wells, and Kimmono Hare. (Courtesy of Sherie White.)

Late Knights of the Pythias. In the early 1980s, the Late Knights of Pythias was born and would hold its annual Halloween Ball late into the night. The Pythians were a cadre of mostly gay creative and artistic types who would come together and create a magical space out of vacant, unique buildings. The parties operated through 1996, when the group disbanded. The Pythians will be remembered as a philanthropic organization that entertained a generation and donated thousands of dollars to area LGBT and HIV/AIDS charities. (Courtesy of Ed Laxton.)

Lesbian Softball. This 1945 team photograph documents the prevalence of lesbians in St. Louis–area softball leagues, beginning in the 1930s. More than one third of the members in this image have been identified as lesbians, many closeted and others bisexual. The teams were mixed (straight and lesbian) and traveled across the nation to participate in league tournaments. (Courtesy of Carol "Twink" Robinson.)

The Potters. The Potters was a St. Louis-based women's art and literature collective that created a handmade magazine called the *Potter's Wheel*. Published from 1904 to 1907, the magazine was entirely handmade and consisted of original poetry and stories, designs, drawings, photography, essays, and plays. The issues also included notable quotations and artists' notes that reflected developing ideas. The magazine's most famous contributor was Sara Teasdale, who won the first Pulitzer Prize for poetry. It is suspected that some of the writers may have been bisexual or lesbian. Teasdale's erotic poem "A Song to Eleonora Duse in Francesca da Rimini," published in the April 1906 issue of the *Potter's Wheel*, reads in part: "O would I were the roses that lie within her hands / The heavy, burning roses she touches as she stands! Dear hands that hold the roses, where mine would love to be / Oh leave, oh leave the roses, and take the hands of me!" (Courtesy of Missouri History Museum, St. Louis.)

Transgender Organizations. Over the years, there have been several transgender support service and advocacy organizations in St. Louis, including the St. Louis Gender Foundation, TransHaven, TransParent, and Metro Trans Umbrella Group. St. Louis annual pride parades have offered the transgender community a way to increase visibility among the LGBT and straight communities. (Courtesy of Scott Lokitz.)

Wired Women. In 1983, the popular downtown music club Heartbreak Hotel was home to one of the first St. Louis LGBT art presenters, Wired Women Productions. Weekly women's night dances provided revenue, which led to over 200 women-produced concerts, dances, and plays at numerous venues through 1999. Performers included lesbian comic Kate Clinton (seen here). Founders Mary Carpenter, Barbara Lau, and Connie Lane, along with a dedicated core of talented volunteers, established Wired Women as an early St. Louis LGBT nonprofit. (Courtesy of Mary Carpenter and Barbara Lau.)

GATEWAY MEN'S CHORUS. Since its inaugural performance *One Voice* in April 1988, with only 22 singers, the Gateway Men's Chorus has become an internationally known musical group. Music director Michael Cohrs founded the chorus in the fall of 1987. In 1999, GMC brought author Armistead Maupin to St. Louis to narrate his *Music for Michael Mouse: Songs Inspired by Tales of the City*. (Courtesy of Scott Lokitz.)

CHARIS. Founded by Jane Clark, Juliet Jackson, and Cindy Sohn in 1993, CHARIS (the St. Louis Women's Chorus) is a lesbian-based organization. It has performed cabaret-style concerts with accomplished guest artists. In 1997, CHARIS collaborated with St. Louis PFLAG and the Gateway Men's Chorus to present the narrated choral work *Prayers for Bobby*, which poignantly addresses the tragic issue of suicide among LGBT adolescents. (Courtesy of Scott Lokitz.)

GAY HOTLINE. According to James Andris, a researcher with the St. Louis LGBT History Project, St. Louis was the only major US city without a "gay hotline" in the mid-1970s. This void was filled with early support from the first St. Louis gay community center (MLSC) and the Gay Academic Union. Community activist and businessman Bill Cordes is credited with ensuring the hotline's early success and stability. (Courtesy of St. Louis LGBT History Project.)

TEAM ST. LOUIS. Team St. Louis was founded in 1987. Its mission is to educate the LGBT community about various methods of promoting general health, including the benefits of participating in sports. Contributing St. Louis sports over the years include cycling, soccer, dance, tennis, rugby, softball, volleyball, running, bowling, darts, flag football, and roller-skating. Several Team St. Louis leagues have participated and brought home medals from the Outgames and Gay Games. (Courtesy of Betty Neeley.)

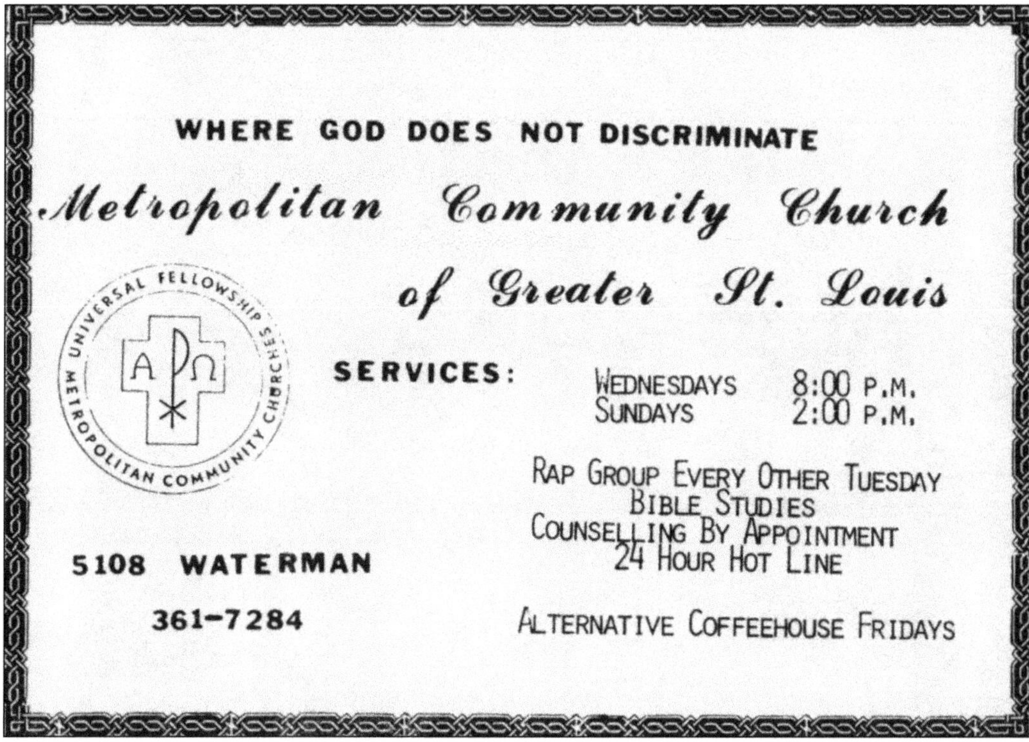

METROPOLITAN COMMUNITY CHURCH. This creative advertisement promotes the St. Louis Metropolitan Community Church in the May 1978 issue of *Gay St. Louis*. The St. Louis MCC was founded in 1973 and has been an integral part of the city's LGBT faith-based community. (Courtesy of St. Louis LGBT History Project.)

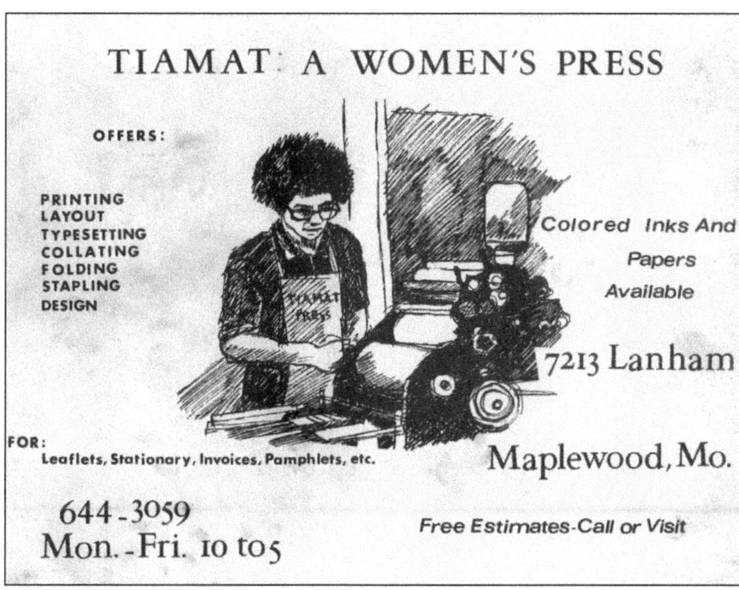

TIAMAT PRESS. This lesbian-operated company served the St. Louis community by producing a variety of printed materials, ranging from brochures and flyers to business cards and stationary. It was part of a well-organized lesbian cooperative that was highly active in St. Louis in the 1970s. (Courtesy of Barb Goedde.)

Iris. Iris was a popular St. Louis lesbian organization in the 1970s. It produced and organized a monthly calendar of events. It was originally a mixed gay and lesbian organization but split into a singularly focused feminist group after strong disagreements occurred between the founding male and female members. (Courtesy of Nan Sweet.)

PAWS. Pets Are Wonderful Support (PAWS) was founded in 1989 to help people living with HIV/AIDS keep their pets as long as possible. Participants of the PAWS program receive pet food and supplies, access to discounted veterinary care, medication, and more. Fundraisers, such as the one pictured here in the 1990s, have supported the organization and its services over the years. (Courtesy of Scott Lokitz.)

Lesbian Alliance and Moonstorm. According to James Andris, a researcher with the St. Louis LGBT History Project, probably the most politically influential lesbian organization in St. Louis in the 1970s was the Lesbian Alliance. Through its newsletter *Moonstorm* (at right) and other efforts, the group was certainly a driving force behind the first official St. Louis gay pride event in 1980. *Moonstorm* increased the visibility of the lesbian community in St. Louis and provided a vehicle for lesbian-feminist expression. The publication highlighted topics for discussion, allowed women outside the lesbian collective to contribute multiple points of view, and provided an avenue for political lesbians to reach the St. Louis community. The alliance also facilitated a coffeehouse, bookstore, auto-repair shop (below), and many other ventures. (Both courtesy of St. Louis LGBT History Project.)

EFA. St. Louis Effort for AIDS (EFA) is the region's oldest HIV/AIDS service organization. Founded as a nonprofit in December 1985, EFA provided early innovative approaches that addressed rapidly changing care, treatment, and prevention methods for people living with or at risk of being infected with HIV. Over the years, EFA has hosted many fundraising and recognition events, including the Teddy Awards (pictured) in the 1980s. (Courtesy of John Hilgeman.)

PREP. The St. Louis–based Privacy Rights Education Project (PREP) formed in July 1986 as a response to the US Supreme Court decision in *Bowers v. Hardwick*, in which the court upheld the Georgia sodomy law. PREP, a not-for-profit organization, was founded with the goal of furthering the cause of privacy rights in general, and gay and lesbian rights in particular. It was later renamed PROMO. (Courtesy of St. Louis LGBT History Project.)

NAMES PROJECT. St. Louis had the first formal Names Project workshop outside of San Francisco. The local group was founded by Pat Leonard, who died from AIDS in 1989. Volunteers initially used a work space (below) donated by the *St. Louis Globe-Democrat.* The space included a large area to set up tables and sewing machines, hang panels and photographs, and design the panels. The first panel made by the St. Louis Names Project was for a young man named Robb, who asked for a colorful panel with flowers. Robb was able to see the completed panel just days before his death. The AIDS Memorial Quilt was first displayed in St. Louis from April 29 to May 1, 1988, at St. Louis Community College–Forest Park (above) and has since returned for several large exhibitions, including the annual display of panels at the St. Louis pride celebration each June. (Both courtesy of John Hilgeman.)

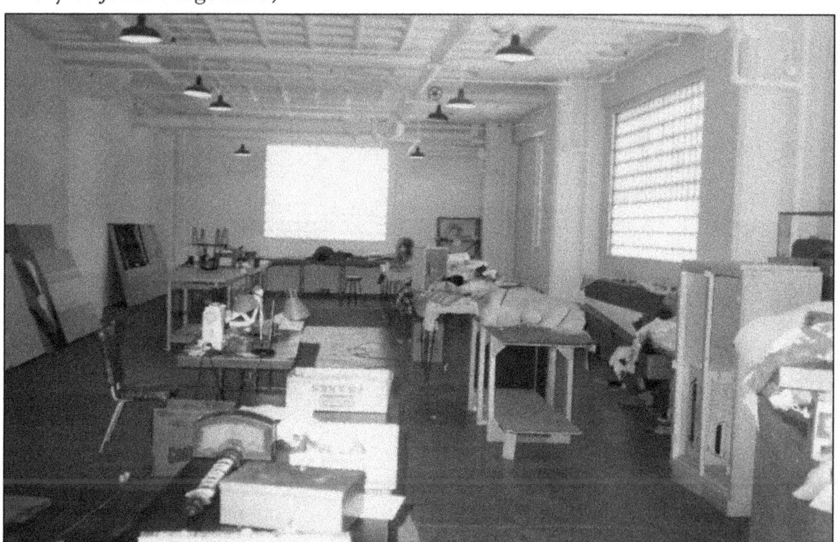

PFLAG St. Louis. Since 1973, parents have joined together in different cities to support each other and their lesbian, gay, bisexual, and transgendered (LGBT) children or family members. The St. Louis chapter of PFLAG is one of the oldest in the country, founded in 1977 as St. Louis FLAG. The chapter cofounders were Art and Marian Wirth and Rod and Carolyn Griffin. (Photograph by Wilbur Wegener, courtesy of Scott Lokitz.)

Rodeo. The St. Louis chapter of the Missouri Gay Rodeo Association was formed in the early 1990s under the leadership of Connie Duncan. The association, along with other chapters in Kansas City, Springfield, and Joplin, hosted regional events and traveled throughout the nation competing in the rodeo circuit. (Courtesy of Connie Duncan.)

LAMBDA CAR CLUB. In 1992, the St. Louis chapter of Lambda Car Club International, the largest worldwide gay car club, was formed. The club hosts annual car rallies and provides vehicles for dignitaries in the St. Louis annual pride parade. (Courtesy of Scott Lokitz.)

KREWE OF LOUIE. In the late 1990s, the Krewe of Louie was the first official LGBT entrant in the annual St. Louis Mardi Gras parade. Ed Laxton organized the "krewe" and claims they were the first to throw out doubloons to the thrill of spectators. Over the years, the group consistently took top honors in the parade's best float contest for flamboyant and creative designs. (Courtesy of Scott Lokitz.)

St. Louis International Lesbian and Gay Film Festival. The St. Louis International Lesbian and Gay Film Festival premiered in 1991 and played at several locations over the years, including the Tivoli Theatre. The annual event, later reorganized as QFest, presents a wide variety of films and filmmakers from some of the great voices in contemporary LGBT cinema. (Courtesy of Scott Lokitz.)

St. Louis LGBT Center. Since the early 1970s, St. Louis has had several incarnations of a lesbian and gay community center. The first center was in the Central West End, and in the 1990s it was located on South Grand (pictured here during ribbon-cutting ceremonies). Later, an LGBT center was established again in the CWE and most recently in the Grove neighborhood. (Courtesy of Scott Lokitz.)

Five

Everyday Life

Everyday Life. Most of St. Louis's LGBT history is not handwritten and archived on library shelves; it is most likely found via personal albums and scrapbooks. These cherished memories capture the intimate moments of family units created by choice, not biology. Whether enjoying a backyard barbeque, holiday celebration, or road trip, these gatherings provided a sense of community and strong support system. (Courtesy of Ruth Daniels.)

Hanging Out. Phyllis Kitchen (right) spends time away from her duties as owner of PK's Bar and Kitchen in East St. Louis in the 1970s. Kitchen's bar joined other east side clubs, such as Helen Schrader's, the Red Bull, and the Grapevine. (Courtesy of Carol "Twink" Robinson.)

Happy Birthday. Dennis Goffin (right) celebrates his birthday with fellow members of the St. Louis Blue Max Cycle Club in the 1970s. Blue Max CC, Gateway MC, and other area social organizations provided avenues for friendship among members of the LGBT community. (Courtesy of Dennis Goffin.)

Bowling League. Connie Duncan (center) poses with members of his 1980s bowling league at Carriage Bowl in St. Louis. Sports teams have offered lesbians and gays opportunities to socialize with one another. (Courtesy of Connie Duncan.)

Men's Float Trip. In the 1980s and 1990s, a group of St. Louis gay men formed the "girlfriend float trip." This annual camping trip gave the men a welcome respite from the hustle and bustle of city living. (Courtesy of Scott Lokitz.)

Women's Float Trip. Not to be outdone by their male counterparts, members of the St. Louis lesbian community created an annual float trip of their own. The original outing created in the 1980s would be later sponsored by Novak's bar. (Courtesy of Betty Neeley.)

On the Job. Employees of Magnolia's bar gather for the club's 10th anniversary celebration in 1995. Since the 1950s, more than 120 area LGBT bars have provided employment and a family atmosphere for the St. Louis LGBT community. (Courtesy of John Knowles.)

In Concert. The lesbian band Remainderz performs at the Kitty Kat Club in the 1980s. St. Louis lesbian and gay bars were popular venues for local LGBT singers and musicians to gain attention and build audiences. (Courtesy of Linda Ledbetter.)

Porch Party. Lesbian and gay friends gather to reflect upon the St. Louis 1980 pride celebration. The first official St. Louis pride event was organized by dozens of volunteers from area LGBT and LGBT-friendly groups and organizations. (Courtesy of Jim Pfaff.)

Christening. A lesbian couple participates in the christening of their adopted daughter in a ceremony in the suburbs of St. Louis. This July 1973 event highlights how LGBT parents maintained traditions that mirrored their straight counterparts. (Courtesy of Betty Neeley.)

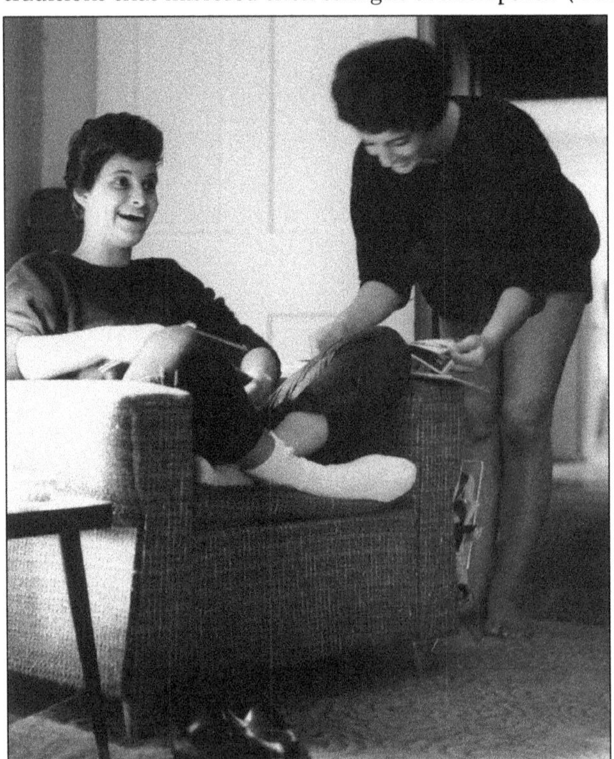

At Home. Jo Logan (left) and her partner enjoy a quiet moment at their home in Belleville, Illinois, just across the river from St. Louis. Private images, such as this one from the 1970s, capture everyday life in the LGBT community. (Courtesy of Jo Logan.)

St. Pat's Parade. Lesbian friends gather to participate in a 1980s-era St. Louis St. Patrick's Day parade. The group attended the parade annually and frequently socialized with one another at area events and each other's homes. (Courtesy of Jo Logan.)

Jailbirds. Judy Stone (far left) and Pat Long (second from the left) and a group of friends snagged a fun photograph opportunity in the 1960s. Stone and Long were lovers, and Long would later ironically spend 18 months in a real jail for check fraud. (Courtesy of Karin Allen.)

Happy Holidays. Gail Reif poses by a Christmas tree in the 1960s. Known as "Baby Gail," she was part of a lesbian community in St. Louis that was very active and supportive of one another, often spending holidays and going to special events together. (Courtesy of Carol "Twink" Robinson.)

The Gang's All Here. Betty Woods (left) strikes a pose with a close group of lesbian friends at a St. Louis bar in the 1960s. Woods was a longtime St. Louis lesbian bar owner, accomplished athlete, and softball coach. (Courtesy of Carol "Twink" Robinson.)

Happy New Year. This group of lesbians celebrates a 1970s-era New Year's Eve in style at a St. Louis club. St. Louis LGBT bars served as gathering spots for friends to celebrate holidays and special events and enjoy each other's friendship. (Courtesy of Betty Neeley.)

Leather Confab. These leather men enjoy a moment together during a campout and run at "the ranch" just outside of St. Louis in the late 1970s. A run is an event where members of motorcycle and leather clubs from different cities and regions meet at a central location. (Courtesy of St. Louis LGBT History Project.)

The Ranch. About an hour from St. Louis, a quaint country retreat owned by a local gay man became a haven for lesbians and gays who wanted to get away from the city. In the 1960s and 1970s, friends gathered at this retreat to relax, play sports, swim, perform music, and just hang out. It would be affectionately nicknamed "the ranch." During the mid-1970s, the ranch hosted hundreds of gay men attending a regional motorcycle and leather campout. (Both courtesy of Ed Laxton.)

STRIKE A POSE. This unidentified young man camps it up in Forest Park in 1960. For decades, St. Louis parks have been a place for gays and bisexual men (most married) to meet for sexual encounters. They would cruise around specific areas, including a spot in Forest Park known as the "fruit loop," seeking companionship. (Courtesy of Ed Laxton.)

SOAKING UP SOME RAYS. A young man named Frank works on his tan during the summer of 1960 in Forest Park. Although sexual cruising was common in the park, the location offered many gay men a place to make gay friends outside of the bar scene. (Courtesy of Ed Laxton.)

Lessons from the Park. Ed Laxton poses in front of the World's Fair Pavilion in Forest Park in 1960. Laxton remembers that the pavilion was a noted gay hangout, and the downstairs bathroom was popular for cruising and sexual hookups. Laxton says that he was underage in 1960 and unable to go to bars, so Forest Park was an alternative to meet other gays and learn about LGBT life. He says that while many police harassed and arrested gay men, he found several officers themselves to be "closeted," seeking sexual favors. He even fondly remembers one policeman helping to push his stalled car out of Forest Park to avoid violating curfew. However, the parks could be dangerous places, with many crimes against gays occurring over the years, including assaults, robberies, and murders. Sting operations in the parks have landed many gay and bisexual men in jail. (Courtesy of Ed Laxton.)

Out and About. These rare images of lesbian friends and partners enjoying a day at the St. Louis Zoo and Forest Park in the 1950s illustrate what it was like to create bonds beyond the traditional family unit. According to Betty Neeley, a researcher with the St. Louis LGBT History Project, many members of this group remained lifelong friends, seeing each other through good times and bad. It was not uncommon for many women of this era to have been married and have children, thus creating additional generational links between the friends and lovers. (Both courtesy of Betty Neeley.)

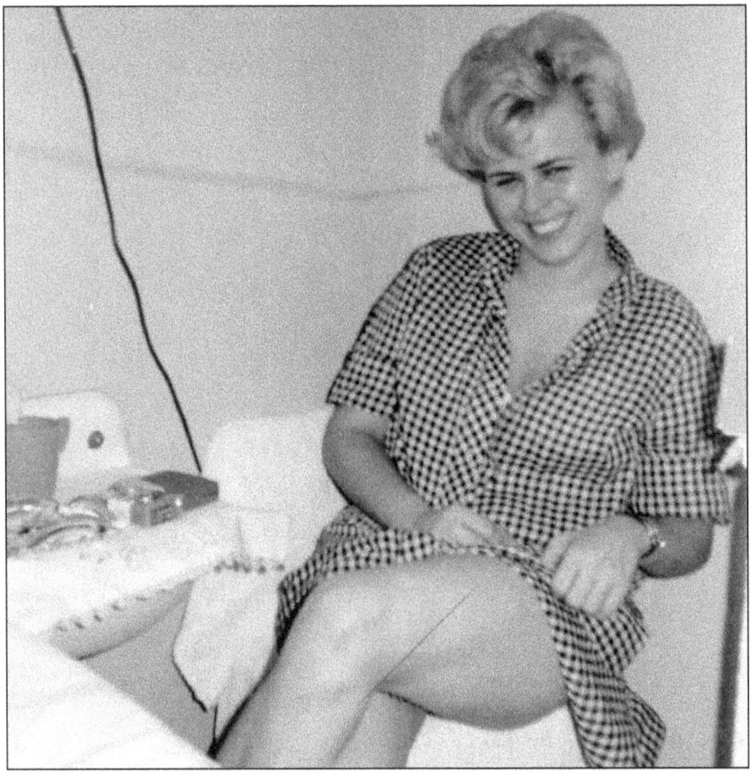

Tough Times. Everyday life was not always easy. St. Louisan Pat Long (at left in her cell) went to jail in the 1960s for check fraud. She was sentenced to 18 months in a Tennessee prison (her jail cell pictured below). She left her two children in the care of her lover, Judy Stone. Long had a romantic relationship with the prison's female warden. She later returned to St. Louis, owned a beauty shop in University City, and operated two lesbian bars: Georgia's and the Sugar Shack. (Both courtesy of Karin Allen.)

Mother Figure. Judy Stone poses in this formal studio-style portrait with her lover Pat Long's two children. Stone helped care for Long's children during the time Long was in prison in the 1960s for check fraud. (Courtesy of Karin Allen.)

The Lady. St. Louis's infamous Lady Harvey and her companion enjoy a formal affair in St. Louis in the 1960s. Lady Harvey has been an important member of the St. Louis LGBT community since the 1950s. She was quoted as saying, "Be courteous and smile even when you're insulted, because those persons are speaking about themselves." (Courtesy of Ed Laxton.)

Best Buds. Mac Brindley (left) and his best friend, Grant, had each other to lean on as young gay men coming of age in 1960s St. Louis. The duo remained lifelong friends. Sadly, Brindley was murdered during a robbery at the City Cousin Restaurant, where he worked in the 1980s. (Courtesy of Ruth Daniels.)

The Westminster Crowd. During the late 1970s and early 1980s, a lesbian and gay social group formed that often congregated at Edward Hall's house on Westminster Place in the Central West End. Group member Jo Logan remembers they gathered several times a year and often planned theme events. On occasion, they would have contests for best hats, costumes, and the like. (Courtesy of Jo Logan.)

PAT'S PALACE. Pat LaPlant (right) and her friend Nellie take a break in the 1980s from operating Pat's bar (Pat's Palace). The popular bar was located on Shenandoah Avenue in south St. Louis, which was home to several lesbian bars dating from the 1950s, including Betty's CB and Georgia's. (Courtesy of Diana Deweese and Kat Schultz.)

A KING'S PERFORMANCE. Drag kings Derek Lynn (left) and Donnie Slade perform their Righteous Brothers routine at Helen Schrader's bar in East St. Louis in 1972. St. Louis has a strong history of drag kings (women performing as men) that entertain audiences, both gay and straight alike. (Courtesy of Judy Hart.)

Student Life. Students at Washington University in St. Louis participated in the Women's Symposium in 1975 during the height of the debate on the Equal Rights Amendment (ERA). Since the 1960s, many St. Louis–area college and university campuses have offered courses and activities that addressed LGBT, feminist, and gender-specific issues and topics. (Courtesy of Barb Goedde.)

Writer's Break. Staff members of one of the earliest St. Louis LGBT publications, *Moonstorm*, enjoy a break from writing and editing in 1975. Since the late 1960s, St. Louis has benefitted from more than 30 LGBT-focused print publications, radio programs, and television shows. (Courtesy of Barb Goedde.)

Gay Dance. This invitation to a "gay dance" at Washington University in St. Louis illustrates how much more open the LGBT community was becoming in the 1970s. Everyday events, such as dances, picnics, concerts, and other social outings, provided lesbians and gays with outlets to form networks. (Courtesy of Barb Goedde.)

Wedding Bells. There are stories of same-sex unions taking place in private homes and in places of worship in St. Louis as far back as the 1940s. This rare image of an LGBT wedding reception in St. Louis from the 1970s shows friends gathered for the happy lesbian couple's celebration. (Courtesy of Carol "Twink" Robinson.)

www.ingramcontent.com/pod-product-compliance
Lightning Source LLC
LaVergne TN
LVHW071931040926
847296LV00039B/473

* 9 7 8 1 4 6 7 1 1 5 9 2 6 *